EUGEN GEBHARDT · WALTER HOLZWARTH
HANS-JOSEF NOHE · WOLFGANG WAGNER
und ULRICH STANCIU

# TRICKSKIFAHREN
## FÜR ANFÄNGER UND FORTGESCHRITTENE

NYMPHENBURGER

*Folgenden Firmen danken wir für ihre Unterstützung im Rahmen der Aufnahmearbeiten zu diesem Buch.*

* Bogner, München (Skianzüge, Pullover, Handschuhe).
  Cober GmbH. & Co., Dt., München (Risport-Skischuhe).
  Delial-Drugofa GmbH., Köln (Sonnenschutzkosmetik).
  Geze, Gretsch & Co. GmbH., Leonberg (Skistopper).
  Koflach GmbH., München (Skischuhe).
* Küffe Strumpfwerk, Lichtenau (rutschfeste Spoilersocken).
  Medico Ammann + Bitzer KG, Albstadt-Tailfingen (saugfähige und atmungsaktive Unterziehpullis).
* Optische Werke G. Rodenstock, München (Sonnenbrillen. Verglasung: RC Sicherheitsglas 75 % und Colormatic 30/75).
  Rappel-Skimoden, Starnberg (Anoraks, Skihosen).
  Romika Lemm & Co. GmbH., Trier (Après-Skiboots).
* Rossignol Dt. GmbH., München (Langski ST Competition, Compaktski).
  Rotmoos Strick- und Wirkwarenfabrik, München (durchgehender, elastischer und atmungsaktiver Unteranzug).
* Salomon GmbH., München (Sicherheitsbindung S 555 Equipe).
  Tomic Golf & Ski Poles GmbH., München (Skistöcke).
  Ziener Lederhandschuhfabrik, Oberammergau (Skihandschuhe).

* Diese Firmen sind offizielle Ausrüster der deutschen Ski-Nationalmannschaften.

*Die Aufnahmen entstanden am Zugspitzblatt (Zugspitzbahn AG), Deutschlands höchstem Skigebiet, 2300—2800 m, sowie im Dammkar bei Mittenwald (Karwendelbahn AG), Deutschlands längster Skiabfahrt*

Demonstratoren im Paarlauf: Rosi und Heidi Gebele.

*An dieser Stelle sei auch all denen herzlich gedankt, die durch Ratschläge, Anregungen und Offenheit im Gespräch wesentlich zum Gelingen dieses Buches beigetragen haben.*

# Inhalt

# Einführung

## Der neue Skispaß

Leicht verdrossen stellte der junge Mann seine Ski in die Ecke. Der Winterurlaub war zwar ganz lustig, aber in punkto Skifahren doch immer dasselbe: Lift rauf, Piste runter, ein Schwung nach dem anderen, eintöniges Linksrum Rechtsrum. Nichts Neues, kein Dazulernen mehr, kein Erfolgsgefühl.
So war's vor zwei Jahren.
Dieser junge Mann ist Wolfgang Wagner, ein Autor dieses Buches. Heute möchte er am liebsten dreimal pro Jahr Skiurlaub machen. Der Grund dafür: Er hat inzwischen Trickskifahren gelernt.
Trickskifahren: Ein freier, wilder, unbändiger Tanz auf Skiern, kein neuer Stil — ein ganz neuer Sport. Etwas verrückt, quicklebendig, elegant, kreativ, individuell, ohne Zwang, mit unendlich viel Raum für Fantasie. Mit einem Wort: der neue Skispaß.
Da gibt es Schwünge auf dem — laut traditioneller Skischule — verkehrten Ski, Figuren mit einer Rasanz wie beim Eiskunstlauf, komisch wirkende Sprünge wie auf dem Trampolin mit so exotischen Namen wie »Daffy«, »Helikopter« oder »Back Scratcher« und ulkige Tanzschritte wie auf dem Parkett: Twist, Charleston, Walzer auf Skiern.
Und das Schöne daran ist: Dieser spektakuläre Skitanz ist nicht ein Privileg der Ski-Asse, Artisten und Akrobaten. Jeder kann ihn lernen! Anfänger und

Fortgeschrittene. Man braucht nur ein bißchen Bewegungsgefühl, ein wenig Mut und eine richtig eingestellte Sicherheitsbindung. Der Spaß daran kommt von ganz allein.

## Fünf Millionen Skifahrer in Deutschland

Unser Buch will Ihnen die Bekanntschaft mit dieser neuen Sportart vermitteln, will in anschaulicher Weise zeigen, daß Skifahren keine Grenzen hat, will allen Pistenfans neue Wege in ihrem Sport weisen. Dieses Buch bringt die perfekte Demonstration der Meister und Anleitung für Anfänger zugleich. Es will nicht aus dem Durchschnittsskifahrer einen Leistungssportler machen, sondern einfach die Grundelemente des Trickskifahrens für jedermann aufzeigen.
Es gibt in der Bundesrepublik fünf Millionen Skifahrer. Etwa eine Million von ihnen sind schon so gut und so sicher, daß sie an keinem Skikurs mehr teilzunehmen brauchen. Sie beherrschen ihre Bretter in jedem Schnee, in jedem Gelände. Für sie alle sind die neuen Skitricks eine willkommene Abwechslung, eine Attraktion. Denn die neue Skikunst beginnt schon dann, wenn ein Skifahrer Lust und Laune hat, einfach mal was Neues auszuprobieren.
Trickskifahren ist jedoch nicht nur etwas für Könner: Auch ein weniger Geübter kann bereits einfache Trickschwünge lernen. Das klassische Skifahren wird ihm dadurch nur leichterfallen. Denn die besondere Beanspruchung der Muskeln und Bänder beim Trickskifahren macht ihn fit für jede Abfahrt, für jede Schwierigkeit im Schnee.
Die meisten Skischulen sind deshalb inzwischen dazu übergegangen, Trickschwünge in ihr Anfängerprogramm aufzunehmen. Walter Holzwarth, ebenfalls einer der Autoren dieses Buches: »Ein paar kleine Tricks haben meinen Skiunterricht immer sehr aufgelockert, und ich habe gemerkt, daß die Skihaserln plötzlich mit viel mehr Spaß und vor allem schneller lernen.«

Trickskifahren, das ist alles, was man auf Skiern überhaupt machen kann. Hier zeigt der Münchner Student Stefan Sixt bei einem nächtlichen Schauspringen am Jakobshorn in Davos einen fantastischen Salto rückwärts durch den Feuerring.

## Musik, die man in den Schnee schreibt

Die Formen des neuen Skifahrens sind unbegrenzt. Hier ist jeder ein Komponist, der seine eigene Musik in den Schnee schreibt, schöpferisch, mit Mut zum Experiment, jeder kann seine eigenen Schwünge erfinden, seinen persönlichen Stil kreieren. Trickskifahrer sind Leute, die Freude haben an Geschicklichkeit, Balance, schneller Reaktion. Leute, die unbeschwert spielen wollen mit ihren Brettern zwischen blauem Himmel und glitzerndem Schnee. Leute mit zwangloser Lebensweise und dem Wunsch nach Freiheit von starren Regeln und Ungezwungenheit bei der Bewegung in der freien Natur. Beim Trickskifahren ist alles erlaubt, was gefällt.

Der bekannte deutsche Slalomspezialist Christian Neureuther über das Trickskifahren: »Dieser neue Sport erweitert und erheitert den Skisport ungemein. Er macht einfach unwahrscheinlich viel Spaß; ich würde sogar sagen, er ist mit das Schönste, was es auf Skiern gibt. Ich habe schon viele Trickschwünge im Training für den Rennlauf probiert und gemerkt, daß man dadurch eine große Körperbeherrschung vor allem in Extremsituationen bekommt. Ich möchte allen Skifahrern diesen neuen Sport wärmstens empfehlen.«

Trickskifahren — ein Spiel im Schnee, mit reizvollen Figuren (Foto unten: Stefan Sixt, eingekratzter Walzer) und tollkühnen Buckelsprüngen (Foto rechts: Der Amerikaner Randy Wieman am Jakobshorn, Davos).

## Rhythmus, Eleganz, Dynamik

Aus den vielen Formen des neuen Freistil-Skifahrens haben sich bis heute drei Disziplinen ergeben:

*Ballettfahren:* tänzerische Schwünge und Schritte auf einem flachen, glatten Hang ohne Buckel, ein Tanz auf Skiern mit Rhythmus, Eleganz, Choreografie und unbegrenztem Einfallsreichtum. Diese Schwünge sind für jeden Skifahrer geeignet und vor allem leicht zu lernen.

*Buckelpistenfahren* (oder mogul-, auch »hot dog-skiing« genannt): ein heißer Lauf durch eine steile Buckelpiste unter optimaler Ausnutzung des Geländes, wild, spannungsgeladen, ohne jegliche Regel, jedoch kontrolliert und beherrscht. Hier kommt es auf Schnelligkeit, Eleganz und Dynamik zwischen den Buckeln an.

Hot dog ist eine Disziplin für die geübten Skifahrer, für Leute, die ihre Bretter in jedem noch so schwierigen Gelände optimal beherrschen wollen. Hot dog ist eine anspruchsvolle, spektakuläre Form des Pistenfahrens, ein Rodeo auf Skiern.

*Skikunstspringen:* artistische Sprünge über präparierte Schanzen oder Buckel, von der einfachen Grätsche bis zum akrobatischen Schraubensalto. Das Springen, schwierigste und anspruchsvollste Form des Trickskifahrens, sollte den absoluten Sportskanonen vorbehalten bleiben. Denn wer mit seinen Brettern in die Luft geht, muß nicht nur ein hervorragender Skifahrer sein, sondern sollte auch die Sprünge vorher auf dem Trampolin, vom Sprungturm oder als Kunstturner trainiert haben. Skifahren ist eine Sache — Skispringen eine andere.

## Alles erlaubt, was gefällt

Natürlich kann jeder, der sein Herz fürs Trickskifahren entdeckt hat, die Figuren aller drei Disziplinen beliebig kombinieren und variieren: z. B. auf einer Normalpiste ein bißchen Walzer tanzen und etwas Charleston, ein wenig durch die Buckel fegen und dabei noch einen kleinen Geländesprung mit Grätsche einlegen. Das macht einen Mordsspaß und ist wirklich nicht schwer, da man einen einfachen Trickschwung leicht schon an einem Tag lernen kann. Was dazugehört, ist Freude am Spiel und keine Angst vorm Hinfallen. Denn ein paar Stürze sind das Lehrgeld, genau wie beim traditionellen Skilauf. Überhaupt: beim Trickskifahren lernt man bald, auch bei einem Sturz noch eine gute Figur zu machen, indem man den Schwung beim Hinfallen so vorteilhaft ausnutzt, daß man sofort wieder auf die Füße kommt.
Was man noch zu dem neuen Skikunstlauf braucht: Eine richtig eingestellte Sicherheitsbindung (man kann es nicht oft genug sagen). Dann nämlich ist die

Einer der schwierigsten Sprünge überhaupt: Der Schraubensalto, hier gezeigt von Weltmeister Scott Brooksbank (links).

Verletzungsgefahr bei einfachen Trickschwüngen keineswegs größer als beim Normalskifahren. Dazu Dr. Heiner Groitl, Sportarzt an der Universität Erlangen: »Trotzdem sollte jeder Trickski-Anfänger eine gute Kondition mitbringen und auf jeden Fall vorher Skigymnastik betreiben. Ratsam ist es auch, mit den einfacheren Übungen anzufangen, um den Körper langsam an die neue Beanspruchung zu gewöhnen.«

Fuzzy Garhammer

## Fuzzy, Lausbub auf Skiern

Er ist nicht groß, aber kräftig. Er hat einen wilden Bart, schelmische blaue Augen und eine Stupsnase. Er sieht aus wie ein richtiger Lausbub und eigentlich ist er auch einer: Fuzzy Garhammer, Europas erster, bester und bekanntester Ski-Artist. Die Entwicklung des Trickskilaufs in Europa ist eng mit seiner Person verknüpft. Wer heute in Skifahrerkrei-

sen den Namen »Fuzzy« hört, denkt sofort an die drolligen Ski-Clownereien des Heinz (Fuzzy) Garhammer aus München.

Und so kam es dazu: Im Winter 1969/70 suchte der Deutsche Skilehrerverband nach den besten Skilehrern. Sie sollten ein Jahr später beim IX. Internationalen Skikongreß in Garmisch-Partenkirchen der Welt die in Deutschland entwickelte Skilehrtechnik demonstrieren. Unter den Bewerbern fürs Vorführteam war auch Heinz Garhammer. Seinen ulkigen Spitznamen »Fuzzy« hatte er von Skischülern bekommen wegen seiner Ähnlichkeit mit dem gleichnamigen bärtig-komischen Western-Filmhelden der fünfziger Jahre.

Fuzzy, damals 23 Jahre alt, von Beruf Feinmechaniker, staatlich geprüfter Skilehrer und Bergführer, zeigte bei den Ausscheidungen für die Vorführtruppe aber nicht nur perfekten Skilauf, sondern auch ein paar seiner Skispäße, die er bisher nur in der Freizeit zur Gaudi gemacht hatte, Figuren, von ihm selbst erfunden. Erfolg: Die Offiziellen vom Skilehrerverband waren davon so begeistert, daß sie Fuzzy ins Demonstrationsteam aufnahmen, damit er den anderen Skinationen seine Tricks zeigen konnte.

So geschah's dann im Januar 1971 auf der Adamswiese am Hausberg bei Garmisch. Erstmals vor Presse, Funk, Fernsehen und den kritischen Augen der gesamten Skifachwelt führte Fuzzy sein Repertoire vor. In Tirolerhut und Lederhose zeigte er Figuren, wie man sie vorher auf Skiern noch nie gesehen hatte: tiefgehockte Schwünge mit einem weggespreizten Bein, die Stöcke wie Geige und Bogen gehalten (sie bekamen damals spontan den Namen »Fuzzy-Schwünge«), eingesprungene Spitzkehren aus der Fahrt, Umsprünge und Spitzenstände.

Bei der großen Abschlußschau des Kongresses — die deutschen Skilehrer hatten sich als Gruß zum X. Skikongreß, der vier Jahre später in der ČSSR stattfand, in Form einer großen römischen Zehn im Schnee aufgestellt — kam plötzlich ein ulkiger Skiclown mit tollkühnen Sprüngen daher und machte als

Höhepunkt des Ganzen den Punkt hinter die X. Das war Fuzzy. Und das war zugleich auch der Durchbruch für seine Ideen. Alle waren fasziniert, entzückt, begeistert. Das moderne Trickskifahren in Europa war geboren.

## Skifahren, wie Fuzzy es macht

Der amerikanische Skiverband lud Fuzzy daraufhin sofort zu einem nationalen Skikongreß nach Vail in die Staaten ein. Er sollte auch dort sein Skiballett der Öffentlichkeit vorführen. Schon im März war Fuzzy dann in den Staaten und zeigte, was er konnte. Die Amerikaner, von Haus aus immer angetan von leicht verrückten Sachen, bereiteten ihm einen triumphalen Empfang. Man drängte ihn, doch unbedingt an einem Trickski-Festival teilzunehmen, einem Wettkampf der amerikanischen »Freestyle«-Skifahrer, die diesen Sport in den USA gerade populär machten.

Fuzzy erinnert sich heute: »Ich wußte gar nicht, daß sich auch in Amerika schon neue Formen des Skilaufs entwickelt hatten. Denn in Europa gab es damals den Begriff Trickskilauf noch gar nicht. Und bei uns war der Sport auch noch nicht in die drei Disziplinen aufgeteilt. Deshalb wollte ich erst gar nicht in dem Wettbewerb starten.«

Doch Fuzzy wurde nicht lange gefragt. Einer seiner Fans, ein reicher Bankdirektor aus Denver, meldete ihn einfach an und bezahlte auch noch die Startgebühr. Also mußte Fuzzy mitmachen — und er gewann.

Er gewann das Ballettfahren, er gewann das Buckelpistenfahren und er gewann die Kombination, obwohl er im Springen nur den siebten Platz belegte. Er, der Außenseiter, war Sieger geworden vor den amerikanischen Favoriten Scott Brooksbank aus Kalifornien und Wayne Wong, einem jungen Amerikaner chinesischer Abstammung. Als ersten Preis bekam Fuzzy einen funkelnagelneuen amerikanischen Sportwagen, den er sofort in bare Münze umsetzte.

Ein Helikopter von Fuzzy: Bei diesem Wettkampf im Hoch-Ybrig (Schweiz) gewann er.

So kehrte Fuzzy als Sieger nach Europa zurück. Für ihn stand fest: »Jetzt setze ich mich voll dafür ein, daß Trickskifahren als neuer Sport anerkannt wird.« Er machte Filme, war im Fernsehen zu sehen und in Zeitungen abgebildet, übte unermüdlich neue Tricks ein, wurde Trickskilehrer in der Skischule eines Münchner Sporthauses und machte dazu noch eine Menge Werbefotos. Denn Geld wollte und mußte er natürlich auch verdienen.

Fuzzy war schließlich auch derjenige, der als erster den Vorschlag machte, einen Trickski-Wettkampf in Europa zu veranstalten. Das Sporthaus, für das er arbeitete, und eine Münchner Tageszeitung griffen diesen Vorschlag begeistert auf und organisierten im Februar 1973 den ersten »Ski-Freistil-Cup« in Europa. Trotz schlechtesten Wetters kamen über 3500 Zuschauer zum Hot dog-Hang im Sudelfeld, um die besten Ski-Gaudiburschen der Welt zu bewundern. Viele Pistenfans, die Trickskifahren dort zum ersten Mal sahen, wollten danach nur noch eines: Skifahren, wie Fuzzy es macht.

## Von Gaudiburschen und Weltmeistern

Der Ski-Freistil-Cup ist seitdem zur ständigen Einrichtung im Sudelfeld geworden und wird jedes Jahr als Europameisterschaft ausgetragen. Die Zuschauerzahlen sind rapide gestiegen — 1975 waren es schon über 8000: ein Zeichen dafür, daß Trickskifahren besonders in Deutschland eine Menge Anhänger gefunden hat und sich von Jahr zu Jahr mächtig weiterentwickelt. Aus den Gaudiburschen von damals sind inzwischen vollblütige Trickskiprofis geworden. Dank der Unterstützung von Firmen, mit deren Skiern, Stiefeln oder Skianzügen sie fahren, haben sie jetzt das ganze Jahr über Zeit und Möglichkeit zum Training. Nicht zuletzt durch die Werbe-

Die Sensation: Fuzzy Garhammer und Manfred Kastner springen beim Ski-Freistil-Cup 1974 im Sudelfeld einen Salto rückwärts Hand in Hand.

wirksamkeit der neuen spektakulären Sportart für die Skifirmen konnte sich also das Trickskifahren so weit entwickeln, und inzwischen haben die Fahrer Hunderte von neuen Tricks und Varianten erfunden.

Allein im Winter 1974/75 wurden zwölf internationale Ski-Akrobatik-Wettkämpfe in den Alpenländern veranstaltet, bei denen Expertenjurys, ähnlich wie beim Turnen oder Turmspringen, die Läufer mit Punkten beurteilten. Die Trickskiläufer zogen wie die alpinen Skiläufer von Ort zu Ort und sammelten bei den Wettkämpfen Qualifikationspunkte für den Höhepunkt dieses Trickskiwinters: die Kunstski-Weltmeisterschaft in Cervinia (Italien).

58 Läuferinnen und Läufer aus zwölf Nationen waren zu dem spektakulären Ereignis zugelassen. Tausende von Zuschauern (Millionen im Fernsehen) staunten über das, was Skifahren heute alles sein kann. Wettkämpfer aus Kanada, USA, Süd-Afrika, Japan und ganz Europa zeigten so fantastische Übungen, wie sie die Welt noch nie gesehen hatte: Schraubensalti auf Skiern, doppelte Helikopter (Sprung zweimal um die eigene Längsachse, 720 Grad), verwegene, atemberaubende Buckelpistenläufe und Ballettskiküren, die so elegant, grazil und perfekt waren wie die der Eistänzer oder Bodenturner bei einer Olympiade.

## Trickskifahren: eine innere Erfüllung

Neuerdings wird das Skiballett häufig schon ohne Stöcke gefahren und nach einer vom Wettkämpfer ausgesuchten Musik getanzt. Viele der Skivirtuosen beherrschen ihre Bretter schon so im Rhythmus der Musik, als wären sie Turniertänzer in einem Ballsaal. Zum Beispiel der Europa- und Vizeweltmeister 1975 im Ballettfahren, der Münchner Peter Lindecke, 23

Mit dieser eleganten Ballettski-Kür wurde der Münchner Peter Lindecke Vizeweltmeister in Cervinia (Italien).

Jahre alt, ehemals Architekturstudent, heute gutbezahlter Trickskiprofi. Er führte das Skiballett in Europa in völlig neue Dimensionen. Bei der Weltmeisterschaft tanzte er in spanischem Kostüm einen feurigen Tango auf Skiern, der jedem Tanzmeister alle Ehre gemacht hätte. Dabei hatte er nur etwa ein Jahr lang mit Fuzzy und dessen Bruder Ernst Garhammer trainiert. Ihm kommt es allerdings nicht so sehr auf die Erfolge an, sondern eher auf den Spaß an der Sache. Peter Lindecke meint zum Thema Trickskifahren: »Irgendwann erreicht jeder Skifahrer den Punkt, wo ihm der Parallelschwung langweilig wird. Dann muß etwas Neues kommen, etwas, das wieder Spaß macht: Trickskifahren. Für mich ist es eine Form der persönlichen Freiheit, eine innere Erfüllung. Es ist Musik, Tanz, Ästhetik, Kreativität, Ausdrucksform, Liebe zum Schnee und zur Natur.«

Zurück zur Kunstskiweltmeisterschaft in Cervinia: dort konnten die Amerikaner den Löwenanteil der Preise mit nach Hause nehmen. Unter den ersten zehn der Kombinationswertung von Ballett, Hot dog

Franco Zanolari

Henri Authier

und Springen waren nur drei Europäer, Kombinationssieger wurde der Amerikaner Scott Brooksbank. In den Einzelwertungen standen jedoch auch Europäer ganz an der Spitze: der kraftvolle Franzose Henri Authier aus Tignes wurde Vizeweltmeister im Skikunstspringen und der Schweizer Franco Zanolari aus Pasugg Vizeweltmeister im Buckelpistenfahren. Bester deutscher Springer war Rainer Klimaschewski, ein Student aus Kempten.

An der Weltmeisterschaft nahmen auch vier Damen teil, unter ihnen die Münchnerin Susi Schmidl. Leider sind die Mädchen bisher nur schwach beim Trickskilauf vertreten, obwohl einige von ihnen speziell im Ballett Hervorragendes zeigen. Der Grund für ihr Desinteresse dürfte darin zu suchen sein, daß die Damen bis heute von den Jurys nach den gleichen Kriterien bewertet werden wie die Herren und dadurch leicht benachteiligt sind.

**Auch das ist Trickskifahren: Zwei Mann auf einem einzigen Ski, Mono-Tandem. Hier die beiden Schweizer André Brunner und Philip Richard (rechts).**

## Die andere Art des Kurvenfahrens

Die ersten Schritte zum heutigen Trickskifahren wurden schon Ende der goldenen zwanziger Jahre gemacht. Nur hieß damals dieser Sport noch nicht so.

Da gab es einen Mann, der auf 2,20 Meter langen Holzbrettern mit Zehenriemenbindung einen der heutigen Grund-Trickschwünge entwickelte: Dr. Fritz Reuel, Arzt und Eiskunstläufer aus Frankfurt. Er kreierte im Gegensatz zu der damals üblichen Lehrmethode den Innenskischwung mit einem nach hinten weggestreckten Bein (Reuel-Schwung), wobei er die Auffassung vertrat, daß mit dieser Art des »Kurvenfahrens« (ähnlich wie beim Eiskunstlauf) vor allem Anfänger es leichter hätten, ihre Ski zu beherrschen. Seinerzeit konnte sich Dr. Reuels Methode allerdings nicht durchsetzen, erst durch das Trickskifahren der siebziger Jahre wurde der Name Reuel bekannter.

Die nächste Etappe auf dem Weg zum Skikunstlauf von heute begann 1961 in den USA. Stein Eriksen, norwegischer Riesenslalom-Olympiasieger von 1952, inzwischen als Profiskifahrer nach Amerika gegangen, wagte als erster tollkühne und akrobatische Sprünge über Schanzen und Buckel. Seinem Beispiel folgten kurz darauf der Schweizer Roger Staub, Riesenslalom-Olympiasieger 1960 in Squaw Valley, und der Skilehrer Hermann Göllner aus Zell am See. Die drei zogen in den USA von einem Wintersportort zum anderen und zeigten den faszinierten Zuschauern gegen Eintritt ihre Ski-Shows.

In Europa kamen erst 1971 fünf junge Leute auf die Idee, einen derartigen Skizirkus zu gründen. Unter ihnen waren der Österreicher Manfred Kastner aus Salzburg, heute einer der weltbesten Skispringer, und einer von Fuzzys Brüdern, Bernd Garhammer. Ihre Show, genannt IPSA (International Perfekt Ski Artists), verhalf dem Trickskilauf unter anderem zu seiner heutigen Popularität in Europa.

Autor Wolfgang Wagner und sein Lieblingssprung: Backscratcher mit Grätsche.

Manfred Kastner

## Skilauf lustbetont

Einer der wichtigsten Männer in diesem Stadium der Ski-Shows war der Schweizer Skilehrer Art (Arthur) Furrer. Er entwickelte Mitte der sechziger Jahre in Amerika als erster das moderne Ballettskifahren (siehe auch Art-Furrer-Schwung) und prophezeite damals: »Trickskifahren ist die nächste Etappe im alpinen Skisport. Es taugt in seinen elementarsten Zügen für den Schüler der Stemmbogenklasse genauso wie in seiner Vollendung für den Rennfahrer.«
Art Furrer sollte recht behalten, wenn er auch anfangs seine Ski-Akrobatik-Schule als Protest gegen die ›Magna Charta‹ der sogenannten Skipäpste in den Skilehrerverbänden und deren verknöcherte Lehrmethoden auffaßte.

Ein Sprung über die Gipfel: Genauso schön wie Fliegen.

Die Skilehrerverbände sind jedoch inzwischen dem Trickskilauf gegenüber sehr aufgeschlossen. Skicharleston, Reuel-, Fuzzy-, Art-Furrer- und Flamingo-Schwung sind zum Beispiel bereits in den offiziellen deutschen Skilehrplan aufgenommen. Beim X. Internationalen Skikongreß 1975 in Strbske Pleso (Tschechoslowakei) demonstrierten immerhin schon sechs Nationen ihre eigenen Trickskiformen: Schweiz, Kanada, USA, Polen, Frankreich und die Bundesrepublik. Erhard Gattermann, Ausbildungsleiter des deutschen Berufsskilehrerverbandes und Vorsitzender der Kommission für Technik und Methodik im deutschen Skilehrwesen, sagt über das Trickskifahren: »Der deutsche Skilehrerverband hat den kreativen Wert des Kunstskilaufs sehr früh erkannt und die heutige Entwicklung schon beim IX. Skikongreß in Garmisch vorausgesehen. Wir haben großes Interesse daran, daß der Skilauf lustbetont gelehrt wird, und wir haben unseren Skilehrern völlig freigestellt, einfache Trickschwünge auch in das Anfängerprogramm aufzunehmen. Allerdings immer unter der Voraussetzung, daß der Kunstskilauf in geregelten Bahnen bleibt und so methodisch aufgebaut und gelehrt wird, wie das zum Beispiel in diesem Buch geschieht. Denn durch das Lernen von leichten Trickschwüngen wird der Skiläufer allgemein beweglicher und kann also in Notsituationen beim Normal-Skilauf besser reagieren. Skilehrer sein, das heißt für uns: Alles lehren, was auf Skiern überhaupt zu machen ist.«

Ende 1974 haben die Trickski-Wettkämpfer in Deutschland ihren eigenen Verband gegründet: die DAKSO (Deutsche Akrobatik- und Kunstskilauforganisation e. V.). Zum ersten Präsidenten wählten die Mitglieder Fuzzy Garhammer, zweiter Vorsitzender wurde der Regensburger Ingenieur und Meister im Monoskifahren Werner Scherrieble.

Spread Eagle Tip Drop: Die fantasievolle amerikanische Bezeichnung für diesen Sprung von Bruce Dawes aus Colorado.

Dieser Verband hat es sich zur Aufgabe gemacht, den Kunstskilauf zu fördern, ihn zum anerkannten Freizeitsport in Deutschland zu machen und jedes Jahr Wettkämpfe zu organisieren und durchzuführen. Außerdem haben die Mitglieder des Verbandes gemeinsam mit ihrer europäischen Dachorganisation EFSA (European Freestyle Skiing Association) ein Reglement für Trickskiwettkämpfe ausgearbeitet, das Richtlinien und Wertungskriterien für den Kunstskilauf in der ganzen Welt festsetzt.

## Halb so gefährlich

Der Verband stellt für die Betreuung der Wettkämpfer auch einen Sportarzt zur Verfügung. Es ist Dr. Heiner Groitl von der chirurgischen Abteilung der Universitätsklinik Erlangen. Er sagt: »So gefährlich, verwegen und halsbrecherisch, wie hot dog manchmal aussieht, ist es gar nicht. Natürlich erhöht sich die Verletzungsgefahr zwangsläufig mit dem Schwierigkeitsgrad der Übungen und nimmt vom Ballettfahren über das Buckelpistenfahren zum Kunstspringen zu. Aber sie läßt sich doch durch spezielles Training — Turnen oder Trampolin — stark mindern. So wurde denn auch bei den europäischen Wettkämpfen in den letzten Jahren kein einziger Fahrer schwer verletzt. Sicher, die Profi-Skiakrobaten sind alle hervorragend trainiert, doch Skirennläufer sind es auch, und bei alpinen Skimeisterschaften gab es allein im Winter 1974/75 drei Tote.«

Dazu Fuzzy Garhammer: »Was bei uns so spektakulär aussieht, ist nur halb so gefährlich. Wir fahren nämlich immer kontrolliert und nie besonders schnell. Ich möchte lieber bei einem Salto in den sowieso präparierten und weichen Schnee unter der Schanze stürzen, als bei Tempo 120 aus einer Abfahrtspiste in den Wald oder in die Zuschauer rasen.«

Erklärtes Ziel der DAKSO ist es ferner, jungen Talenten weitgehend kostenlos die Möglichkeit zum Trick-

Je höher und weiter der Sprung, desto schöner: Bruce Dawes und sein Kick Out.

skitraining zu geben. Denn nicht jeder Kunstski-Amateur bekommt gleich Zuschüsse von den Skifirmen. Deshalb sollen in den nächsten Jahren von der DAKSO organisierte Übungscamps für Jugendliche eingerichtet werden.

## Welche Ski? Welche Stiefel?

Bevor Sie nun mit Feuereifer zum Trickseln auf die Piste gehen, noch ein paar Worte zur Ausrüstung: Grundsätzlich können die einfachen Trickschwünge mit jeder modernen Skiausrüstung gefahren werden. Unbedingt notwendig ist dabei jedoch eine der 45 Sicherheitsbindungen, die vom TÜV nach den Richtlinien des IAS (Internationaler Arbeitskreis für Sicherheit beim Skilauf) geprüft wurden. Diese Bindungen tragen alle das IAS-Zeichen.

Prof. Dr. Anselm Vogel, Physiker an der Fachhochschule München und Initiator des IAS, berichtet: »Wir haben in langen Versuchsreihen die Kräfte gemessen, die an der Sicherheitsbindung eines Trickskifahrers auftreten, und sind zu dem Ergebnis gekommen, daß es da nicht wesentlich größere Belastungen gibt als beim Normalskilauf. Deshalb sind alle IAS-geprüften Sicherheitsbindungen mit richtiger Einstellung auch für den Kunstskilauf geeignet. Weniger empfehlenswert sind nur die Bindungen, die vorne nach oben öffnen, weil sie den Fuß gerade bei tief gehockter Stellung oft unnötig freigeben und so die Verletzungsgefahr erhöhen.«

Die Skistiefel sollten möglichst hoch sein und eine formsteife Sohle besitzen. Der hohe Schaft mit Spoiler soll gut gepolstert und am Fußgelenk elastisch sein, der Spoiler soll sich nach oben hin verjüngen und der Wade einen guten Halt nach hinten geben, damit der Fahrer auch eine ungewollte Rücklage meistern kann. Je besser die Polsterung, desto besser auch die Dämpfung bei harten Ruckbewegungen. Die starre, nicht verformbare Sohle soll für die exakte Auslösung der Bindung garantieren.

Die größte Bedeutung für das Trickskifahren haben natürlich die Skier. Hier gilt die Regel: Je kürzer der Ski, desto leichter geht's. Prof. Vogel fand heraus: Wenn ein Ski nur um zehn Zentimeter kürzer wird, so braucht der Skifahrer um fünfzehn Prozent weniger Kraft zur Drehung. Das heißt nun nicht, daß man die Tricks mit superkurzen Skiern fahren sollte. Denn das Gleiten auf Brettern, die kürzer als 1,40 Meter sind, könnte man kaum noch als Skifahren bezeichnen.

Im Wettkampfreglement der DAKSO ist festgelegt: Die Skier sollten mindestens so lange sein wie die Körpergröße des Fahrers minus 10 Zentimeter: in der Regel 1,60 Meter bis 1,80 Meter. Und das ist auch die empfehlenswerte Skilänge für den Trickskineuling.

Noch eines: Je kürzer die Skier, desto geringer die Verletzungsgefahr beim Sturz. Prof. Vogel stellte fest: »Bei kurzen Skiern treten grundsätzlich geringere Kräfte an der Bindung auf als bei langen. Das geht so weit, daß bei Brettern unter 1,50 Meter die Knochenbruchgefahr theoretisch ausgeschlossen ist.« Sein Fazit: »Mit richtiger Ausrüstung birgt das Trickskifahren keine höhere Verletzungsgefahr als der Normalskilauf. Ja, das Unfallrisiko wird sogar verringert, weil der Läufer es lernt, aufgrund der besseren Bewegungskoordination jede Notsituation zu meistern.«

Einige Skihersteller haben dieser neuen Entwicklung im Trickskilauf auch schon Rechnung getragen. Sie entwickelten den sogenannten Kompaktski: ein Ski,

Sehr wichtig für alle Trickskiläufer: Im kritischen Moment muß (wie hier) die Sicherheitsbindung öffnen.

kürzer als der übliche, aber kein Kurzski im bisherigen Sinne. Er ist dem Gewicht und Fahrkönnen aller Gruppen angepaßt, hat die Leichtigkeit und Drehfreudigkeit des Kurzskis, einen maximalen Kantengriff und bis 60 km/h eine Richtungsstabilität, wie sie sonst nur längere Bretter haben. Der Kompaktski ist insgesamt vielfältiger zu gebrauchen als ein Langski. Er ist besonders fürs Ballettfahren, fürs Buckelfahren, aber auch fürs Tiefschneefahren hervorragend geeignet. Wenn eine Firma einen speziellen Trickski anbietet, so ist das meist der beste Kompaktski dieses Fabrikats.

Die Skistöcke sollten normal lang sein. Stellen Sie den Stock mit dem Griff auf den Boden und umfassen Sie ihn dann direkt unterhalb des Tellers. Wenn Ihr Unterarm jetzt genau im rechten Winkel zum Oberarm steht, besitzt der Stock die richtige Länge.

Für den Fall einer unfreiwilligen Notbremsung sind beim Trickskifahren grundsätzlich Skistopper zu empfehlen. Fangriemen bergen die Gefahr, daß der Ski nach dem Sturz gegen den Körper des Läufers geschleudert wird. Achten Sie bei Skistoppern jedoch darauf, daß sie das IAS-Prüfzeichen tragen.

Zum Schluß bleibt mir nur noch, Ihnen viel Spaß bei der Lektüre unseres Trickski-Lehrteils und beim anschließenden Üben zu wünschen. Noch lustiger wird's natürlich, wenn Sie einen Partner zum Trainieren finden. Dann kann nämlich einer den anderen anspornen oder korrigieren. Wenn Sie dann zu zweit einen Schwung perfekt beherrschen, fahren Sie ihn doch mal zusammen, wie ein Paar beim Eislauf. Sie werden sehen: Trickskifahren wird zum herrlichsten Vergnügen im Schnee, das man sich überhaupt vorstellen kann.

*Ulrich Stanciu*

Spektakulär und spaßig: Der Spitzenstand, hier gezeigt von Wolfgang Wagner.

# A **Ballett**

Im Kunstskilauf bietet das Ballett die größte Vielfalt an Bewegungen und Figuren. Hier kann sich jeder Skiläufer aus einem fast unerschöpflichen Angebot an Schwüngen eine völlig eigene Kür zusammenstellen, in der er seine Vorstellungen vom Skiballett verwirklicht. Darüber hinaus hat er die Möglichkeit, völlig neue, eigene Formen zu erfinden.

Das Ballett als Wettkampfform hat in den letzten Jahren eine sprunghafte Entwicklung erlebt. Zuerst wurden ganz wahllos einige Ballettelemente gefahren. Doch schon bald merkten die Trickskiläufer, daß man die Figuren zu einer Kür aneinanderreihen kann. Seit dem Winter 1974/75 setzte es sich sogar durch, daß jeder Ballettskiläufer im Wettkampf nach einer Musik eigener Wahl fährt. Dadurch wirkt der Ballettskilauf noch eindrucksvoller, tänzerischer und eleganter.

Die Begriffe, die in Klammern hinter den Namen der Schwünge, Sprünge und Figuren stehen, sind nicht unbedingt die exakten Übersetzungen ins Englische, sondern die in Amerika gebräuchlichen Bezeichnungen. Die wichtigsten Fachausdrücke sind in einem lexikalischen Anhang erläutert.

# Einleitung

Grundvoraussetzung für jeden, der Trickskifahren lernen möchte, ist das Fahren auf dem — laut konventioneller Skischule — »falschen« Ski, dem Innenski. Damit Sie sich mit diesem neuen Fahrgefühl vertraut machen können, haben wir für den Anfang Übungen ausgesucht, die eine Basis für das Kunstskilaufen sind. Je sicherer Sie diese Übungen beherrschen, um so leichter gelingt Ihnen der Schritt zum Skiballett.

## Übung 1:

Suchen Sie sich einen flachen Hang. Fahren Sie dort in der Fallinie möglichst lange auf einem Ski. Verlagern Sie Ihr Körpergewicht ganz auf diesen Ski.

## Übung 2:

Versuchen Sie, in flachem Gelände mehrere Schlittschuhschritte aneinanderzureihen. Gleiten Sie nach jedem Abstoß möglichst lange auf dem belasteten Ski.

## Übung 3:

Wiederholen Sie die gleiche Übung, aber benützen Sie dieses Mal die Gleitphase dazu, einen leichten Schwung auf der Außenkante zu fahren. Dies gelingt Ihnen leicht, wenn Sie nach dem Abstoß das belastete Bein stärker beugen und sich etwas nach innen legen (siehe Bild).

## Übung 4:

Reihen Sie jetzt mehrere Innenskischwünge aneinander, wobei Sie nahe der Fallinie bleiben. Heben Sie während der Steuerphase den unbelasteten Ski etwas an.

Hinweis:
Zum Gelingen dieser Übung und für alle weiteren Innenskischwünge tragen

● Körperinnenlage und
● Beugen und Drehen des Beines

wesentlich bei.

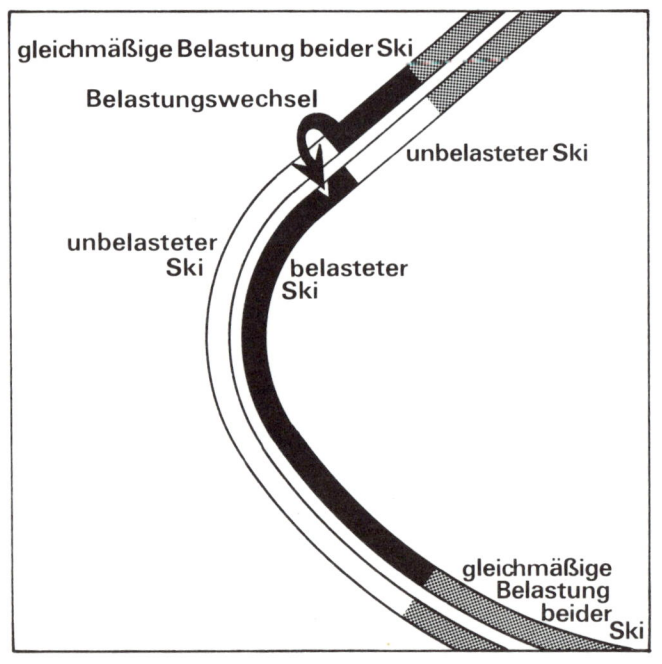

## Übung 5:

Fahren Sie Innenskischwünge mit größerem Radius. Sie bereiten den Abstoß zum neuen Schwung dadurch vor, daß Sie Ihre Innenlage aufgeben und Ihr Gewicht über die Innenkante des belasteten Skis bringen. Aus dieser Position erfolgt ein kräftiger Abstoß aufs andere Bein. Der neu eingeleitete Schwung gelingt müheloser, wenn Sie rasch die neue Innenlage einnehmen und das Bein beugen. Versuchen Sie sich auch in steilerem Gelände.

29

# 1. TRICKSCHWÜNGE

## a) Trickschwünge, gesteuert auf Innen- und Außenkante (gleitender Kantenwechsel)

## Flamingo

Dieser Schwung ist eine der einfachsten Formen aus dem ABC des Trickskilaufs. Er hat seinen Namen von dem gleichnamigen Vogel, weil man bei diesem Schwung wie er längere Zeit auf einem Bein steht. Der Flamingo kann durchaus mit normallangem Ski gefahren werden.

### Bewegungsbeschreibung:

Beim Flamingo werden mehrere Schwünge hintereinander auf demselben Ski gefahren, wobei der unbelastete Ski ständig vom Boden abgehoben bleibt.

### Bewegungserklärung:

Sie fahren in der Fallinie an und heben sofort einen Ski parallel zum Boden ab. Mit einem Beugen des Standbeines beginnen Sie die erste Richtungsänderung gesteuert auf der Innenkante. Ein schnelles Strecken des belasteten Beines, verbunden mit einem Kippen des Oberkörpers in die neue Schwungrichtung, leitet die nächste Richtungsänderung (gefahren auf der Außenkante) ein. Gesteuert wird wieder durch ein Beugen und Drehen des Beines. Der Stockeinsatz dient als Stütz- und Entlastungshilfe.

31

## Lehrweg:

- Fahren Sie an einem flachen Hang mit festem Schnee auf einem Bein Schuß. Versuchen Sie, durch ein leichtes Springen geringe Richtungsänderungen nahe der Fallinie auszuführen. Bleiben Sie dabei immer in Vorlage.
- Anfahrt in der Fallinie. Leiten Sie die Richtungsänderungen wieder durch ein Springen ein. Versuchen Sie, dieses Mal weicher zu landen und den Ski weiter aus der Fallinie zu drehen.
- Zum Gelingen des Flamingo ist es wichtig, alle Schwünge mit gleichmäßigem Radius zu fahren. Dies fällt Ihnen leichter, wenn Sie sich einen Rhythmus selbst vorsagen oder vorsingen.
- Fahren Sie rhythmische Flamingo-Schwünge. Versuchen Sie das Springen immer mehr abzubauen, um zu einem gleitenden Kantenwechsel zu kommen.
- Versuchen Sie sämtliche Übungen auch auf dem anderen Ski.

## Hinweise:

- Wird Ihnen das Tempo zu schnell, so liegt das meist an einer Rücklage. Fahren Sie deshalb den Flamingo ständig mit Mittellage.
- Halten Sie den angehobenen Ski möglichst nahe am Standbein.
- Haben Sie Schwierigkeiten, die Schwünge auf der Außenkante einzuleiten, liegt das meist an einem zu geringen »Nach-innen-Kippen« des Oberkörpers. Achten Sie deshalb darauf, daß Sie sich schon mit dem Strecken des belasteten Beines nach innen legen.

# Flamingo
# mit gekreuztem Ski

Dieser Schwung ist eine Variante des Flamingo. Er
unterscheidet sich dadurch, daß Sie den unbelasteten
Ski vor dem Standbein kreuzen.

## b) Trickschwünge, gesteuert auf der Außenkante

# Fuzzy-Schwung (Outrigger)

Auf dem Interski-Kongreß 1971 in Garmisch-Partenkirchen führte Fuzzy Garhammer zum ersten Mal diesen Schwung der Öffentlichkeit vor. Er gehört heute zur Gruppe der leicht erlernbaren Trickschwünge und läßt sich mit Skiern normaler Länge fahren.
Eine Grundbewegung des Fuzzy-Schwunges haben Sie sicher schon unbewußt ausgeführt, wenn Ihnen der Außenski auf einer vereisten Stelle seitlich weggerutscht ist und Sie ohne Sturz in tiefer Hockstellung auf dem Innenski weitergefahren sind.

*Bewegungsbeschreibung:*

Der Fuzzy-Schwung wird in tiefer Hockstellung auf dem Innenski gesteuert. Man spreizt das Außenbein unbelastet zur Seite. Die tiefe Hockstellung wird bei der Aneinanderreihung mehrerer Schwünge beibehalten.

*Bewegungserklärung:*

Leiten Sie einen Innenskischwung ein und gehen Sie gleichzeitig in die tiefe Hockstellung. Mit dem Beugen des belasteten Beines wird das Außenbein unbelastet zur Seite gespreizt. Achten Sie darauf, daß Sie während der Steuerphase Ferse und Ballen gleichmäßig belasten, indem Sie den Oberkörper nach vorne beugen. Gegen Ende des Schwunges ziehen Sie den unbelasteten Ski bei und richten den Oberkörper etwas auf. Die dadurch entstandene leichte Rücklage ermöglicht es Ihnen, den unbelasteten Ski vorne etwas anzuheben und in die neue Schwungrichtung zu drehen. Mit dem Aufsetzen dieses Skis führen Sie in der Hockstellung eine rasche seitliche Gewichtsverlagerung auf den jetzigen Innenski durch. Das Außenbein wird wieder seitlich weggespreizt.

## Lehrweg:

- Versuchen Sie zuerst, im Stand in die tiefe Hockstellung zu gehen und ein Bein zur Seite zu spreizen. Beginnen Sie vorsichtig und betrachten Sie dies als Aufwärmarbeit.
- Während der Schrägfahrt in mittelsteilem Gelände verlagern Sie Ihr Körpergewicht auf den Bergski und beugen das belastete Bein bis in die tiefe Hockstellung. Das Gesäß berührt dabei den Schuhschaft. Spreizen Sie gleichzeitig das talseitige Bein gestreckt zur Seite. Fahren Sie eine kurze Strecke in dieser Haltung. Richten Sie sich wieder auf. Versuchen Sie diese Übung mehrmals und nach beiden Seiten.
- Fahren Sie in der Fallinie an. Leiten Sie auf dem Innenski einen Schwung zum Berg ein. Dabei gehen Sie in eine tiefe Hockstellung mit seitlich gespreiztem Bein und steuern in dieser Haltung den Schwung zu Ende. Diese Bewegung wird in der Fachsprache als »Klammerschwung« bezeichnet. Üben Sie nach beiden Seiten.
- Als nächstes fahren Sie in der Schrägfahrt an und reihen mehrere Klammerschwünge aneinander. Bei jedem Schwungende richten Sie sich auf und leiten durch ein Tiefgehen den nächsten Schwung ein.
- Versuchen Sie die gleiche Übung. Achten Sie jedoch darauf, das Aufrichten am Schwungende immer mehr abzubauen.
- Fahren Sie mehrere Fuzzy-Schwünge (d. h. ohne die Hockstellung aufzugeben) zuerst in planem und später in leicht buckligem Gelände.

## Hinweise:

- Die beste Vorbereitung zu diesem Schwung können Sie zu Hause treffen. Wählen Sie gymnastische Übungen, die Ihre Dehnbarkeit und Beweglichkeit beim seitlichen Spreizen der Beine verbessern.
- Treten Schwierigkeiten bei der Schwungsteuerung auf, kann die Ursache darin liegen, daß Sie Ihren Oberkörper nicht weit genug vorgebeugt haben. Achten Sie darauf, daß Ihr Körpergewicht ganz auf dem Innenski liegt. Bringen Sie Ihren Oberkörper so weit über das gebeugte Bein, daß die Brustmitte fast auf dem Oberschenkel aufliegt.

Ein herrliches Vergnügen im Schnee — Paarlauf. Hans-Josef Nohe und Rosi Gebele beim gemeinsamen Fuzzy-Schwung.

# Charleston

Dieser Schwung trägt seinen Namen zu Recht, da besonders Rhythmus und Beinspiel an den Charleston auf der Tanzfläche erinnern. Der Spaß an diesem Tanz im Schnee ist von keiner Skilänge abhängig.

## *Bewegungsbeschreibung:*

Der Charleston ist eine rhythmische Schwungfolge, jeweils auf dem Innenski gefahren. Ähnlich wie beim Tanz wird das unbelastete Bein seitlich ausgewinkelt, wobei die Skispitze am Boden bleiben sollte. Der Stockeinsatz erfolgt nahe der Schaufel des unbelasteten Skis. Er dient als Stützhilfe beim Belastungswechsel.

## *Bewegungserklärung:*

Die Anfahrt zum Charleston erfolgt in der Fallinie. Dabei heben Sie ein Skiende an. Die Spitze bleibt am Boden. Durch ein Beugen und Drehen des Standbeines beginnen Sie auf dem Innenski einen Schwung mit nur geringer Richtungsänderung. Gegen Ende des Schwunges ermöglicht ein leichtes Springen den Belastungswechsel auf den anderen Ski. Der Stockeinsatz nahe der Schaufel des ausgewinkelten Skis dient als Entlastungs- und Stützhilfe. Das Bein, von dem Sie abgesprungen sind, winkeln Sie sofort in Charleston-Manier aus. Gleichzeitig führen Sie die neue Richtungsänderung durch, die Sie wieder auf dem Innenski steuern. Die ständige Gewichtsverlagerung erfolgt in schnellem Rhythmus.

**Lehrweg:**

- Führen Sie zunächst Charleston-Bewegungen in der Ebene im Stand aus.
- Versuchen Sie das gleiche mit kräftigem Abstoß und stützendem Stockeinsatz.
- Versuchen Sie dieselbe Übung in langsamer Fahrt.
- Probieren Sie den Charleston im gleichen Gelände in einem schnelleren Rhythmus.
- Gehen Sie in ein steileres Gelände. Fahren Sie den Charleston, wobei Sie darauf achten, daß Ihr Fahrtempo konstant bleibt.

**Hinweise:**

- Der Stockeinsatz neben dem vorderen Drittel des Skis ist eine Hilfe, alle Übungen in der notwendigen Vorlage zu fahren.
- Wird Ihnen das Tempo vor allem im steileren Gelände zu schnell, liegt das an der fehlenden Vorlage und den dadurch zu geringen Richtungsänderungen.
- Fahren Sie als Variante den Charleston auch einmal ohne Stöcke.

Hot Dog, ein Rodeo auf Skiern. Der Schweizer Martin Andeer mit einer selbsterfundenen Figur beim Weltmeisterschaftslauf in Cervinia 1975.

Atemberaubend, spannungsgeladen, berauschend. Wolfgang Wagner, hier mit seiner Spezial-Backscratcher-Grätsche: »Jeder Sprung ist ein Erlebnis.«

# Reuel-Schwung (Royal Christie)

tragen — kennzeichnet den Reuel-Schwung. Er kann problemlos mit einem Ski normaler Länge gefahren werden.

Dieser Schwung verdankt seinen Namen dem deutschen Eiskunstläufer Dr. Fritz Reuel, der ihn schon Ende der zwanziger Jahre erfand. Bei jeder Eiskunstlaufveranstaltung sehen Sie Läufer, die in der Standwaagehaltung einen Bogen fahren. Diese Bewegungsform — auf den Bereich des Trickskilaufs über-

## Bewegungsbeschreibung:

Der Reuel-Schwung wird in der Standwaagehaltung auf dem Innenski ausgesteuert. Die zur Seite gestreckten Arme dienen der Balance.

**Bewegungserklärung:**

Beginnen Sie aus der Schrägfahrt. Leiten Sie den Schwung ein wie einen normalen Innenskischwung (siehe vorbereitende Übung 5). Beugen Sie nach dem Abstoß mit Beginn der Steuerphase den Oberkörper weit nach vorne und heben Sie gleichzeitig den unbelasteten Ski nach hinten oben. In dieser Position steuern Sie den Schwung aus. Körperinnenlage und Beugen des Beines sind notwendig zur Steuerung. Zum Schwungende lösen Sie diese Haltung wieder auf, indem Sie den angehobenen Ski vorholen.

**Lehrweg:**

- Versuchen Sie, im Stand die Standwaagehaltung einzunehmen. Zur Gewöhnung können Sie zunächst Ihre Stöcke als Stützhilfe gebrauchen.
- Wählen Sie einen flachen Hang. Fahren Sie auf einem Bein in der Standwaagehaltung Schuß. Üben Sie nicht nur auf demselben Bein.
- Wechseln Sie während der Schußfahrt das Standbein.
- Fahren Sie in der Fallinie an. Stoßen Sie sich vom bogenäußeren Ski ab und nehmen Sie mit Beginn

der Steuerphase die Standwaagehaltung ein. In Verbindung mit einer Körperinnenlage und einem Beugen des Standbeines führen Sie einen Schwung zum Berg aus. Zum Schwungende wird das angehobene Bein wieder beigesetzt.

● Beginnen Sie aus der Schrägfahrt (Schwungeinleitung wie oben). Steuern Sie den Schwung über die Fallinie aus. Üben Sie nach beiden Seiten!

● Reihen Sie mehrere Reuel-Schwünge aneinander.

## Hinweise:

● Die Standwaagehaltung fällt Ihnen leichter, wenn Sie das Standbein im Sprunggelenk beugen. (Keine Rücklage! Richtig: mit Ballendruck fahren!)

● Achten Sie darauf, daß Sie mit dem Abstoß gleichzeitig die Steuerphase einleiten.

● Wenn Sie bei der Schwungsteuerung häufig über die Außenkante zum Berg hin fallen, hängt das an einer zu starken Körperinnenlage. Korrigieren Sie sich dadurch, daß Sie Knie und Sprunggelenk weiter beugen und eine noch stärkere Vorlage einnehmen.

● Bringen Sie in der Standwaagehaltung das Bein zu wenig nach oben, so hat das meist die Ursache, daß der Oberkörper zu wenig nach vorne gebeugt wird.

# Reuel-Schwung mit step over
# (Royal Christie Step Over)

>übersteigen<. Das Übersteigen wird oft als Bewegungsverbindung angewandt und ist mit normallangem Ski möglich.

Dieser Schwung ist eine Variante des normalen Reuel-Schwunges. Dabei geht jedem Schwung eine »step over«-Bewegung voraus. Die Bezeichnung »step over« kommt aus Amerika und bedeutet frei übersetzt

*Bewegungsbeschreibung:*

Der Reuel-Schwung mit step over läßt sich in zwei Phasen teilen:
1. Step over
2. Reuel-Schwung
Der step over ist ein Übersetzen des Talskis über den

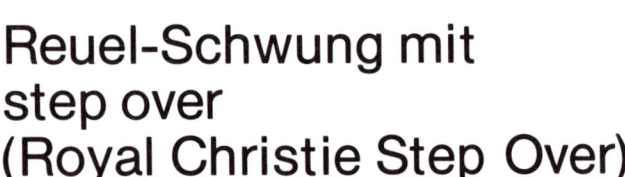

Bergski. Der übergesetzte Ski wird belastet, der andere nach hinten hochgehoben, und so der schon bekannte Reuel-Schwung gefahren.

## Bewegungserklärung:

Beginnen Sie aus der Schrägfahrt, wobei Sie das Körpergewicht ganz auf den Bergski verlagern. Bei der jetzt folgenden step over-Bewegung heben Sie den unbelasteten Talski an und übersetzen ihn bergwärts vor dem Standbein. Belasten Sie nun den übergesetzten Ski und beugen den Oberkörper nach vorne. Den jetzt unbelasteten Ski heben Sie an, drehen ihn gleichzeitig nach außen und führen ihn bis zur Standwaagehaltung nach oben. Das langgezogene Aussteuern erfolgt wie beim Reuel-Schwung. Gegen Ende des Schwunges geben Sie die Standwaagehaltung auf und holen den angehobenen Ski vor. Sie können ohne vorheriges Aufsetzen die anschließende step over-Bewegung zur anderen Seite anreihen. Sie haben dadurch einen fließenden Übergang zum nächsten Schwung geschaffen.

## Lehrweg:

- Führen Sie die step over-Bewegung im Stand sowohl mit dem rechten als auch mit dem linken Ski aus.
- Üben Sie an einem flachen Hang während der Schußfahrt die step over-Bewegung nach beiden Seiten.
- Verbinden Sie dann in der Fallinie die step over-Bewegung mit einem anschließenden Abschwingen in der Standwaagehaltung (auf der jeweiligen Außenkante des Standbeines gefahren).
- Wählen Sie ein konvexes Gelände. Beginnend mit der Schrägfahrt führen Sie die step over-Bewegung mit anschließendem Reuel-Schwung über die Fallinie aus.
- Wenn Sie den Schwung nach beiden Seiten gefahren haben, reihen Sie mehrere Schwünge aneinander.

## Hinweise:

- Oft blockiert man das Nach-oben-Bringen des Skis dadurch, daß man nach dem Übersetzen die Skispitze des unbelasteten Skis nicht nach außen dreht. Achten Sie deshalb darauf, daß Sie mit dem Anheben den Ski sofort nach außen drehen. Das fällt leichter, wenn Sie den Ski so übersetzen, daß der Abstand zwischen den beiden Skiern mindestens 50 cm beträgt.

Ein unglaublicher Sprung: Daffy mit Helikopter — gesprungen bei der Weltmeisterschaft in Cervinia 1975.

## c) Trickschwünge, gesteuert auf der Innenkante

# Art-Furrer-Schwung

Art Furrer, Skilehrer aus der Schweiz und einer der Mitbegründer des Trickskilaufs, erfand diesen Schwung und gab ihm seinen Namen. Der Art-Furrer-Schwung zeichnet sich weniger durch hohe technische Anforderungen als durch seine spielerische Leichtigkeit aus. Er kann mit jeder Skilänge gefahren werden.

### Bewegungsbeschreibung:

Die Steuerung des Art-Furrer-Schwunges erfolgt auf dem Außenski, wobei der Innenski angehoben und vor der Bindung gekreuzt wird. Durch die zur Seite gestreckten Arme halten Sie leichter das Gleichgewicht.

### Bewegungserklärung:

Fahren Sie in der Schrägfahrt an und leiten Sie einen ganz normalen Schwung auf dem Außenski ein. Heben Sie den anderen Ski an und kreuzen Sie ihn vor der Bindung quer zum Außenski. Gegen Schwungende drehen Sie den angehobenen Ski zurück.

## Lehrweg:

- Fahren Sie in der Fallinie in flachem Gelände an. Heben Sie jetzt einen Ski hoch und kreuzen Sie diesen vor der Bindung des belasteten Skis.
- Reihen Sie mehrere auf dem Außenski gesteuerte Schwünge aneinander. Es kommt hierbei darauf an, während der Steuerphase den angehobenen Ski immer deutlicher über dem Außenski zu kreuzen.
- Reihen Sie mehrere Art-Furrer-Schwünge aneinander. Dabei ist zu beachten, daß zwischen den Schwüngen keine Schrägfahrt entsteht.
- Fahren Sie Art-Furrer-Schwünge auch in steilerem Gelände.

## Hinweise:

- Heben Sie den gekreuzten Ski so hoch an, daß keine Gefahr besteht, mit der Skispitze im Schnee hängenzubleiben.
- Tauchen Schwierigkeiten bei der Schwungauslösung auf, so hat das folgende Ursache: Der Abstoß vom Talski, verbunden mit der Gewichtsverlagerung auf den bogenäußeren Ski, erfolgte zu zaghaft.
- Rutschen Sie während der Steuerphase zu sehr ab, so müssen Sie das Knie des belasteten Beines mehr nach vorne und nach innen drücken.

Ein Wirbelwind auf Skiern: Wolfgang Wagner mit seinem Tornado.

# Tatra-Schwung

Dieser Schwung ist auf den ersten Blick ziemlich verzwickt. Auch wir wußten, als wir ihn das erste Mal sahen, nicht so recht, wo eigentlich der linke, und wo der rechte Ski ist. Einer unserer Freunde, der aus der Hohen Tatra stammt, zeigte uns diesen Schwung. Da wir für ihn noch keinen Namen hatten, bezeichneten wir ihn spontan als Tatra-Schwung. Er kann trotz seiner verwirrend wirkenden Technik mit normallangem Ski gefahren werden.

### Bewegungsbeschreibung:

Der Tatra-Schwung ist einfach ein Schwingen mit gekreuzten Beinen, wobei der jeweils bogenäußere Ski abgehoben wird. Die Steuerung erfolgt auf der Innenkante des belasteten Skis.

### Bewegungserklärung:

Fahren Sie in der Fallinie an und beginnen Sie mit einem step over. Belasten Sie sofort den übergesetzten Ski. Auf diesem steuern Sie einen Schwung auf der Innenkante, wobei der bogenäußere Ski leicht abgehoben ist. Gegen Ende des Schwunges setzen Sie den bogenäußeren Ski auf. Gleichzeitig verlagern Sie ihr ganzes Körpergewicht auf diesen Ski. Leiten Sie den nächsten Schwung durch ein Beugen des belasteten Beines ein. Das Steuern unterstützen Sie durch eine leichte Körperinnenlage. Der bogenäußere Ski ist wieder angehoben. Bei der Schwungeinleitung dient Ihnen der Stockeinsatz als Stützhilfe.

## Lehrweg:

- Wählen Sie einen flachen Hang. Fahren Sie in step over-Haltung in der Fallinie an. Während der Schußfahrt verlagern Sie Ihr Gewicht mehrmals von einem auf den anderen Ski.
- Fahren Sie die gleiche Übung, wobei Sie den unbelasteten Ski vom Boden anheben.
- Als nächstes versuchen Sie, in derselben Übungsform leichte Richtungsänderungen auszuführen.
- Bei den folgenden Versuchen beugen Sie das jeweils belastete Bein beim Steuern des Schwunges stärker. Sie erreichen dadurch deutlichere Richtungsänderungen.

## Hinweise:

- Laufen die Skier trotz eifriger Versuche nur geradeaus, so hat das meist die Ursache, daß Sie zu lange beide Skier belasten. Achten Sie deshalb darauf, daß gleichzeitig mit dem Aufsetzen eines Skis der andere abgehoben wird.
- Sie drehen Ihre Skier leichter, wenn Sie zur Schwungeinleitung und Steuerung eine deutliche Körperinnenlage einnehmen. Hierdurch wird es auch einfacher, den bogenäußeren Ski abzuheben.

Ein Fuzzy-Schwung, wie er sein soll. Hier von dem Amerikaner Mike Williams beim Ski-Freistil-Cup 1974 im Sudelfeld.

# 2. DREHUNGEN

Beim Ballett kommt neben den Trickschwüngen den Drehungen eine große Bedeutung zu. Sie eignen sich als Verbindung zwischen Schwüngen, Ballettsprüngen und Figuren. Wegen ihrer Eleganz befinden sie sich im Programm jedes Ballettskifahrers. Drehungen können sowohl durch Körperrotation als auch durch seitlichen Widerstand eingeleitet werden.

## a) Drehungen, eingeleitet durch Körperrotation

## Walzer (Waltz)

Der Walzer auf beiden Skiern stellt die einfachste Form der Drehung dar. Er bildet die Grundlage für alle weiteren Walzerfiguren und kann mit normallangem Ski gefahren werden.

*Bewegungsbeschreibung:*

Der Walzer ist eine volle Drehung um die Körperlängsachse auf flachgestellten Skiern.

## Bewegungserklärung:

Fahren Sie mit zur Seite gestreckten Armen in der Fallinie an. Sie leiten den Walzer durch ein Vorausdrehen des Oberkörpers ein. Ein Nach-vorne-Lehnen erleichtert die Drehung um die Skispitze. In dieser Haltung drehen Sie so weit, bis Ihr Rücken zur Fallinie zeigt. Lehnen Sie sich jetzt nach hinten, wobei Sie das Vorausdrehen des Oberkörpers beibehalten; drehen Sie so weiter, bis die Skispitzen wieder zur Fallinie zeigen. Der Walzer sollte möglichst mit gestrecktem Körper gefahren werden.

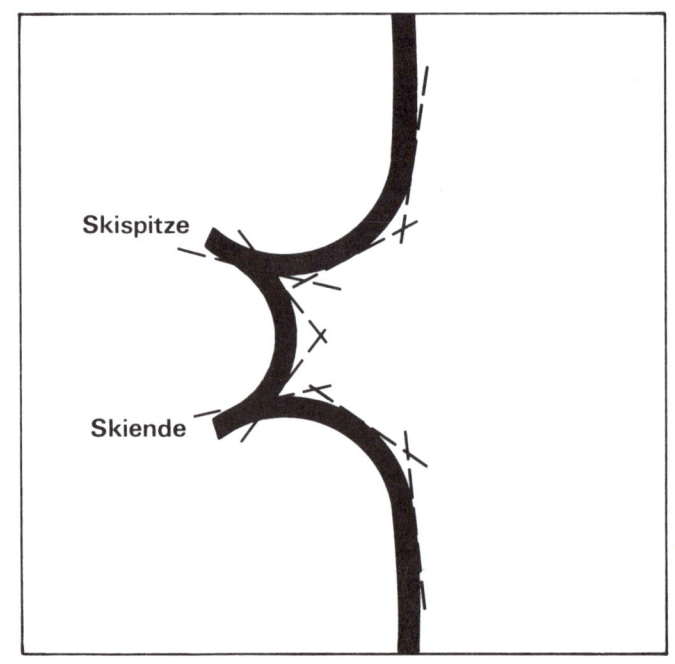

Die Graphik zeigt die Spur, die von den Skiern bei der Walzerdrehung in den Schnee gezeichnet wird. Sie ist charakteristisch für alle weiteren Walzerdrehungen.

**Weg der Skimitte bei Drehungen auf einem oder zwei Skiern**

## Lehrweg:

- Stellen Sie sich in Schrägfahrthaltung an einen mittelsteilen Hang mit hartem, griffigem Schnee. Beginnen Sie ein Seitrutschen, wobei Sie sich abwechselnd mit gestreckten Beinen nach vorne und nach hinten lehnen. Bei der Gewichtsverlagerung nach vorne drehen Sie die Skienden talwärts. Bei der Gewichtsverlagerung nach hinten drehen Sie die Skischaufeln talwärts. Rasch ausgeführt entsteht ein ›schaukelndes‹ Seitrutschen.
- Versuchen Sie anschließend sofort eine ganze Walzerdrehung in flachem, konvexem Gelände. Bei den ersten Versuchen wählen Sie harten, griffigen Schnee auf einer Piste, die keinerlei Unebenheiten aufweist.
- Fahren Sie Walzer mit höherer Anfangsgeschwindigkeit. Haben Sie es schon nach beiden Seiten versucht?
- Reihen Sie mehrere Walzer aneinander.
- Fahren Sie mehrere Walzer hintereinander, wobei abwechselnd nach rechts und nach links gedreht wird.

## Hinweise:

- Haben Sie Schwierigkeiten, aus der Stellung rückwärts zur Fallinie die Skischaufeln zu drehen, hat das meist folgende Ursachen:
  - Das Vorausdrehen des Oberkörpers wurde nicht während der ganzen Walzerdrehung beibehalten (richtig: Der Oberkörper läuft der Bewegung voraus).
  - Die Gewichtsverlagerung von vorn nach hinten erfolgt überhaupt nicht oder zu zögernd.
  - Die Skier waren zu stark gekantet. Fahren Sie die ganze Drehung auf flachgestelltem Ski.

Heidi Gebele und Wolfgang Wagner hatten unheimlich viel Spaß beim Paarlauf (Reuel-Schwung). Sie nannten ihre Kreation spontan »Liebesschwung«.

# Innenskiwalzer

Der Innenskiwalzer ist die Voraussetzung für alle weiteren Drehungen auf einem Ski. Er ist verhältnismäßig leicht zu lernen. Man kann diese Drehung zwar mit einem normallangen Ski fahren, mit kurzem Ski geht es jedoch viel leichter.

*Bewegungsbeschreibung:*

Der Innenskiwalzer ist eine Drehung auf einem Bein. Der unbelastete Ski wird während der ganzen Drehung wie beim Innenskischwung vom Boden abgehoben.

## Bewegungserklärung:

Verlagern Sie Ihr ganzes Gewicht auf den Innenski. Zur Einleitung der Drehung lehnen Sie sich gleichzeitig nach vorne und nach innen. Zugleich dreht der Oberkörper etwas voraus. Drehen Sie in dieser Haltung, bis Sie sich rückwärts zur Fallinie befinden. Lehnen Sie sich leicht zurück und geben Sie die Innenlage auf. Das Weiterdrehen um das Skiende wird wie beim beidbeinigen Walzer durch ein Vorausdrehen des Oberkörpers unterstützt.

## Lehrweg:

- Stellen Sie sich quer zur Fallinie an einen mittel-steilen Hang. Heben Sie den Talski ab. Auf dem Bergski führen Sie das gleiche ›schaukelnde‹ Seitrutschen wie beim beidbeinigen Walzer durch.
- Wählen Sie einen flachen konvexen Hang mit harter Piste. Versuchen Sie hier die ersten Innenskiwalzer. Üben Sie die Drehung nach rechts und nach links.
- Fahren Sie mehrere Drehungen auf dem gleichen Bein hintereinander.
- Das Gelingen des Innenskiwalzers hängt entscheidend davon ab, daß Sie vor allem die erste Hälfte der Drehung möglichst rasch ausführen. D. h. keinen Innenskischwung fahren, sondern fast auf der Stelle schnell um die Skispitzen drehen.

## Hinweise:

- Achten Sie in der ersten Hälfte der Drehung vor allem auf die Vor- und Innenlage des Körpers.
- Beachten Sie wie beim beidbeinigen Walzer die schnelle Gewichtsverlagerung von vorne nach hinten in der Stellung rückwärts zur Fallinie.
- Nicht vergessen: Wie bei allen Drehungen, so auch hier, den belasteten Ski flachstellen!

Manfred Kastner mit einem von ihm erfundenen Sprung ohne Namen.

## Reuel-Walzer

Beim Reuel-Walzer handelt es sich um eine der anspruchsvollen Drehungen, die durch ihre Eleganz bestechen. Fahren Sie mit kurzem Ski, denn mit ihm dreht sich's leichter!

*Bewegungsbeschreibung:*

Der Reuel-Walzer ist eine volle Drehung auf einem Ski in der Standwaagehaltung.

## Bewegungserklärung:

Fahren Sie mit zur Seite gestreckten Armen auf einem Bein in Reuel-Haltung an. Leiten Sie ebenso wie beim einfachen Walzer den Reuel-Walzer durch ein Vorausdrehen des Oberkörpers ein. Lehnen Sie sich deutlich nach vorn, wodurch die Drehung um die Skispitze erleichtert wird. Der Ski bleibt immer flachgestellt. Drehen Sie so weit, bis Sie sich rückwärts zur Fallinie befinden. Lehnen Sie sich jetzt mit fast gestrecktem Bein etwas nach hinten. Lassen Sie auch in dieser Phase den Oberkörper immer der Bewegung vorauslaufen. In dieser Haltung drehen Sie bis zur Fallinie.

## Lehrweg:

- Zur Eingewöhnung drehen Sie mehrere Walzer auf einem Bein.
- Wählen Sie für die ersten Versuche unbedingt einen flachen konvexen Hang ohne Unebenheiten. Der Schnee muß fest sein, so daß der Ski nicht einsinkt. Nehmen Sie Reuel-Haltung ein und fahren Sie eine ganze Drehung.
- Fahren Sie einen Reuel-Walzer mit höherer Anfangsgeschwindigkeit. Haben Sie auch die andere Seite nicht vergessen?
- Drehen Sie Reuel-Walzer abwechselnd nach rechts und links.

## Hinweise:

- Ebenso wie bei dem beidbeinigen Walzer gilt hierbei ganz besonders:
     Der Oberkörper läuft immer der Bewegung voraus;
     die Gewichtsverlagerung von vorn nach hinten erfolgt zügig;
     der Ski bleibt während der ganzen Drehung flachgestellt.
- Überlegen Sie sich vor jeder Übung den genauen Bewegungsablauf.

So ein Sprung ist nur etwas für absolute Könner: Der Amerikaner Mike Grazier beim Schraubensalto in Cervinia.

# Wong Around

Wayne Wong ist einer der bekanntesten Trickskiläufer der Welt. Er eroberte im Winter 1972/73 den amerikanischen Meistertitel. Nach ihm wurde dieser Schwung benannt, den er selbst auch als erster vorführte.
Der Schwung gehört zu den schwierigen Drehungen und sollte deshalb mit kurzen Skiern gefahren werden.

*Bewegungsbeschreibung:*

Der Wong around ist eine volle Drehung auf einem Bein in tiefer Hockstellung. Das unbelastete Bein wird wie beim Fuzzy-Schwung zur Seite gespreizt.

## Bewegungserklärung:

Fahren Sie in der Fallinie an. Die Einleitung der Drehung erfolgt wie beim Fuzzy-Schwung. Ein starkes Nach-vorne-Beugen und Vorausdrehen des Oberkörpers ermöglicht die Drehung so weit, bis Ihr Rücken zur Fallinie zeigt. Durch ein Aufrichten des Oberkörpers erreichen Sie eine Rücklage. Das ermöglicht ein Weiterdrehen um das Skiende. Bleiben Sie während der ganzen Drehung in tiefer Hockstellung.

## Lehrweg:

- Wiederholen Sie zur Eingewöhnung Fuzzy-Schwünge.
- Suchen Sie einen mittelsteilen Hang mit harter Piste. Fahren Sie in der Fallinie auf einen flachen Buckel zu. Durch ein Beugen des belasteten Beins und durch starkes Vorausdrehen des Oberkörpers versuchen Sie — ähnlich der Sitzpirouette beim Eislauf — in der Hockstellung auf dem Buckel eine volle Drehung. Das unbelastete Bein bleibt bei der Drehung zur Seite gespreizt.

- Versuchen Sie durch höheres Anfahrtstempo schneller zu drehen.
- Fahren Sie den Wong around auf planer Piste.
- Üben Sie den Wong around nach beiden Seiten.

Nur so durch die Buckel fetzen, das macht Spaß. Ein heißer Hot-Dog-Lauf von Werner Scherrieble.

*Hinweise:*

- Gelingt Ihnen die Drehung nicht vollständig, so beachten Sie folgendes: Lassen Sie Ihren Körperschwerpunkt während der ganzen Drehung exakt über Ihrem belasteten Ski. Der zur Seite gespreizte Ski bremst dadurch weniger. Der belastete Ski muß während der ganzen Fahrt flachgestellt sein.
- Mißlingt die zweite Hälfte der Drehung, so kann es daran liegen, daß Sie den Oberkörper zu wenig aufgerichtet, also zu wenig Rücklage haben.

## b) Drehungen, eingeleitet durch seitlichen Widerstand

Bitte erschrecken Sie nicht, wenn Sie hier lesen »... eingeleitet durch seitlichen Widerstand«. Hinter dieser physikalisch klingenden Formulierung verbirgt sich eine ganz einfache Tatsache: Stellen Sie sich vor, Sie wollen an einem Laternenpfahl vorbeilaufen. Wenn Sie dabei Ihren Arm zur Seite strecken und sich am Pfahl festhalten, merken Sie, daß es Sie ganz von selbst in einem Bogen um die Laterne zieht. Genau diesen Effekt meinen wir mit der Formulierung: »seitlicher Widerstand«. Beim Skifahren erreichen Sie dies dadurch, daß Sie während des Fahrens eine Skispitze seitlich von Ihnen in den Schnee drücken. Dadurch leiten Sie eine Drehung um die Skispitze ein. Damit wären wir schon bei der ersten derartigen Drehung, dem eingekratzten Walzer.

# Eingekratzter Walzer

Der eingekratzte Walzer ist neben dem Walzer auf beiden Skiern eine der leichteren Drehungen. Er heißt »eingekratzt«, weil man die Drehung durch die seitlich in den Schnee gedrückte Skispitze einleitet. Diesen Walzer kann man in nahezu jedem Gelände und mit jeder Skilänge fahren.

## Bewegungsbeschreibung:

Der eingekratzte Walzer wird in aufrechter Haltung gefahren. Die erste Hälfte der Drehung erfolgt auf einem Ski, wobei der innere Ski mit seiner Spitze seitlich vom Körper in den Schnee gedrückt wird. Die zweite Hälfte wird auf beiden Skiern weitergedreht.

## Bewegungserklärung:

Fahren Sie aufrecht und mit zur Seite gestreckten Armen in der Fallinie an. Heben Sie den Ski hoch, nach dessen Seite Sie drehen wollen. Gleichzeitig mit dem Anheben drehen Sie ihn so weit nach außen, daß sich seine Spitze seitlich von Ihrem Körper befindet. Drücken Sie jetzt die Skischaufel in den Schnee. Sie werden sofort merken, wie dieser Ski bremst und dadurch die Drehung einleitet. Übrigens, denken Sie daran, was Sie beim Walzer gelernt haben: Bei der ersten Hälfte der Drehung lehnen Sie sich nach vorn. Das gleiche gilt auch hier. Kurz bevor Sie sich rückwärts zur Fallinie befinden, setzen Sie den ausgewinkelten Ski flach auf den Schnee und belasten jetzt beide Skier gleich stark. Schließen Sie die Skier möglichst schnell. Denken Sie nochmals an den Walzer zurück. Für die zweite Hälfte der Drehung gilt: Zurücklehnen des gestreckten Körpers und weiterdrehen um die Skienden bis zur Fallinie.

## Lehrweg:

- Üben Sie zuerst im Stand das Auswinkeln eines Skis. Achten Sie dabei darauf, daß Sie eine leichte Vorlage haben. Die Skispitze wird seitlich neben dem Körper in den Schnee gedrückt.
- Versuchen Sie gleich an einem flachen Hang eine Drehung.
- Steigern Sie das Anfahrtstempo. Wenn Sie den eingekratzten Walzer nach beiden Seiten beherrschen, gehen Sie auch in steileres Gelände.

## Hinweise:

- Wenn Ihnen beim Einsetzen der Skispitze in den Schnee öfter die Bindung aufgeht, so stellen Sie diese auf keinen Fall härter ein. Achten Sie vielmehr darauf, daß Sie beim Auswinkeln des Skis nur den Unterschenkel anheben und dabei die Skispitze nach außen drehen. Durch diese Stellung wirkt der Druck beim ›Einkratzen‹ der Skispitze mehr auf die Oberfläche als auf die Seite des Skis.
- Bleiben Sie öfter nach der Hälfte der Drehung mit dem Rücken zur Fallinie stehen und gelingt es Ihnen nicht, weiterzudrehen, können Sie den Fehler so beheben:
  - Sie wechseln mit dem Aufsetzen des ausgewinkelten Skis von der Vorlage in die Rücklage,
  - durch diese Rücklage drehen Sie um die Skienden. Dies hilft Ihnen, die vorn offene Skistellung schneller zu schließen.

# Walzer mit vorne überkreuztem Ski

Diesen Walzer hat fast jeder Trickskifahrer in gleicher oder abgewandelter Form in seinem Ballettprogramm. Er ist nicht ganz so leicht wie der eingekratzte Walzer und sollte daher mit kürzerem Ski gefahren werden.

## Bewegungsbeschreibung:

Der Walzer mit vorne überkreuztem Ski ist eine Drehung auf einem Bein. Der unbelastete Ski wird vorne überkreuzt und leitet die Drehung durch seitlichen Widerstand ein.

## Bewegungserklärung:

Belasten Sie bei der Anfahrt in der Fallinie nur ein Bein. Heben Sie den unbelasteten Ski an und kreuzen Sie nur das Skiende vor dem Standbein. Drücken Sie die Schaufel des gekreuzten Skis in den Schnee und lehnen Sie sich gleichzeitig nach vorne. Durch diesen seitlichen Widerstand, verbunden mit der Vorlage, leiten Sie die Drehung ein. In dieser Haltung drehen Sie, bis Ihr Rücken zur Fallinie zeigt. Lehnen Sie sich jetzt zurück und heben Sie die Schaufel des übergekreuzten Skis an. Die weitere Drehung erfolgt mit Hilfe eines Vorausdrehens des Oberkörpers.

## Lehrweg:

- Üben Sie mehrmals im Stand die neue Form des Überkreuzens.
- Wählen Sie einen flachen Hang mit festem griffigen Schnee. Versuchen Sie die ganze Drehung, aber nicht nur nach Ihrer Schokoladenseite.
- Fahren Sie mehrere Drehungen hintereinander.

## Hinweise:

- Haben Sie Schwierigkeiten, die Drehung rasch einzuleiten, liegt das daran, daß Sie zu wenig Druck auf die Schaufel des gekreuzten Skis ausüben. Verstärken Sie deshalb den Druck durch eine weitere Vorlage.
- Gelingt Ihnen die erste Hälfte der Drehung nicht ganz, so liegt das daran, daß Sie ohne Vorlage gefahren sind.
- Gelingt Ihnen die zweite Hälfte der Drehung nicht, so haben Sie den Wechsel zwischen Vor- und Rücklage zu spät vollzogen.

Drei Brüder, drei Vollblut-Skiartisten: Bernd Garhammer (links, Spitzenstand), Fuzzy Garhammer (Mitte, Spitzenstand vollendet), Ernst Garhammer (rechts, Daffystand).

# 3. FIGUREN

## a) Standfiguren

Im Gegensatz zu den Figuren mit sprunghaftem Abstoß werden die Standfiguren kaum noch im Ballettprogramm eines Trickskiläufers vorkommen, weil sie den Bewegungsfluß einer Kür zu sehr unterbrechen würden. Sie gehören dennoch zum Trickskilauf, da sie wegen der hohen Anforderung an Geschicklichkeit und Gleichgewicht auf jeden Skifahrer große Anziehungskraft ausüben.

# Fuzzy-Stand (Daffy Stand)

Der Fuzzy-Stand ist die leichtere der beiden Standfiguren. Mit langem Ski ausgeführt wirkt er am besten.

## Bewegungsbeschreibung:

Beim Fuzzy-Stand stehen Sie mit der Spitze des einen und dem Ende des anderen Skis in weiter Schrittstellung im Schnee.

## Bewegungserklärung:

Fassen Sie die Stöcke von oben und setzen Sie sie neben der vorderen Skihälfte ein. Die Skispitze eines Skis wird anschließend neben dem Ende des anderen in den Schnee gesteckt. Stützen Sie sich auf die Stöcke. Gehen Sie gleichzeitig mit dem Körper zurück und bringen Sie Ihr ganzes Gewicht auf den schon im Schnee steckenden Ski. Ziehen Sie mit gestrecktem Bein den anderen Ski schwunghaft vorne hoch und setzen Sie das Skiende möglichst senkrecht in den Schnee. Das angewinkelte Bein wird nach hinten gestreckt. Führen Sie die Skistöcke mit gestreckten Armen nach oben.

## Lehrweg:

● Suchen Sie ein ebenes Gelände. Der Schnee muß so fest sein, daß die Skispitze nicht mehr als etwa 30 cm einsinkt. Versuchen Sie mehrmals die Figur, bis Sie sicher ohne Hilfe der Stöcke stehen können.

## Hinweise:

● Kippen Ihre Skier zur Seite, sobald Sie sich nicht mehr auf Ihre Stöcke stützen, liegt das meist daran, daß Sie Ihre Skier nicht genau in einer Linie hintereinander, sondern zu stark seitlich versetzt in den Schnee gesteckt haben.
● Sie kommen leichter aus der Daffy-Stellung zurück zum Stand, wenn Sie zuerst den vorderen Ski aus dem Schnee ziehen und aufsetzen.

85

# Spitzenstand (Toe Stand)

Mit langem Ski gilt für den Spitzenstand: Versuch's mal — und dir gefällt's sicher.

### Bewegungsbeschreibung:

Beim Spitzenstand stehen Sie auf beiden Skispitzen, die nebeneinander senkrecht im Schnee stecken. Der Oberkörper ist aufgerichtet. Die Arme sind nach oben gestreckt.

### Bewegungserklärung:

Der erste Teil der Bewegung, einschließlich des Einsetzens der Skispitze, erfolgt wie beim Fuzzy-Stand. Bringen Sie Ihr ganzes Gewicht auf den schon eingesetzten Ski und die Stöcke. Der jetzt unbelastete Ski wird nach hinten hochgehoben und mit der Skispitze parallel zum anderen in den Schnee gesteckt. Belasten Sie beide Skier gleich stark. Gehen Sie mit dem Oberkörper zurück, indem Sie sich von den Skistöcken nach hinten wegdrücken. Ihr ganzes Gewicht ruht jetzt nur noch auf den beiden Skiern. Die Skistöcke werden nach oben gestreckt.

### Lehrweg:

● Am leichtesten gelingt der Spitzenstand an einer ebenen Stelle. Der Schnee muß so fest sein, daß die Skispitzen nicht mehr als etwa 30 cm einsinken. Versuchen Sie mehrmals die Figur, bis Sie sicher ohne Hilfe der Stöcke stehen können.

### Hinweise:

● Um im Spitzenstand sicher stehen zu können, beachten Sie folgendes: Der erste Ski muß so in den Schnee gesteckt werden, daß sich seine Spitze neben dem Ende des am Boden liegenden Skis befindet. Das Skiende berührt fast die Schulter.
● Verlieren Sie im Spitzenstand das Gleichgewicht und drohen Sie nach hinten zu fallen, lassen Sie sich immer seitwärts umkippen. So bleiben Ihre Skier heil.

## b) Figuren mit sprunghaftem Abstoß, Ballettsprünge

# Tornado

Vorneweg, der Tornado sieht schwieriger aus, als er in Wirklichkeit ist. Der ständige schnelle Belastungswechsel von einem auf den anderen Ski, die hinzukommende Drehung und gar noch ein Kreuzen und Übersteigen rufen lediglich beim Zuschauer Verwirrung hervor. Mit kurzen Skiern bringt Ihnen dieser Wirbel sicher viel Spaß.

### Bewegungsbeschreibung:

Der Tornado ist ein ständiges Umspringen von einem Ski auf den anderen. Gleichzeitig dreht der Körper um seine Längsachse.

### Bewegungserklärung:

Sie stehen quer zur Fallinie. Steigen Sie mit dem Bergski vor dem Standbein über den Talski. Drehen Sie ihn so weit, daß er sich in umgekehrter Richtung fast parallel zum belasteten Ski befindet. Das Aufsetzen erfolgt talseitig in geringem Abstand. Kurz vor dem Aufsetzen erfolgt der Absprung vom belasteten Ski. Dieser führt eine ganze Drehung über die Skispitze aus und wird wieder talseitig aufgesetzt. Mit dem Aufsetzen springen Sie wieder vom belasteten Ski und drehen diesen über das Skiende um 360 Grad.

## Lehrweg:

- Führen Sie zunächst nur eine volle Körperdrehung langsam durch, d. h. Sie können fast sämtliche Bewegungen in Zeitlupentempo ausführen. Nur der Moment des Aufsetzens und des Abspringens muß schnell erfolgen.
- Versuchen Sie mehrere Drehungen hintereinander.
- Um das Tempo der Drehungen zu steigern, springen Sie stärker ab.
- Versuchen Sie, den Tornado auch in die andere Richtung zu drehen.

## Hinweise:

- Das parallele Aufsetzen des unbelasteten Skis fällt ihnen leichter, wenn Sie schon mit Beginn des Überkreuzens abspringen.
- Schauen Sie beim Tornado in Drehrichtung über die Schulter.

# Haxenbrecher
## (Leg Breaker)

Haxenbrecher — das hört sich sehr gefährlich an. Aber keine Angst! Bei dieser Figur hat sich noch niemand ein Bein gebrochen. Ganz im Gegenteil, sie macht so viel Spaß und wirkt gleichzeitig so verblüffend auf den Zuschauer, daß sie beinahe jeder Ballettskiläufer in seinem Programm hat. Benutzen Sie wie die Trickskiläufer unbedingt einen kurzen Ski.

### Bewegungsbeschreibung:

Der Haxenbrecher ist ebenso wie der Tornado ein ständiges Umspringen von einem auf den anderen Ski. Der Körper dreht sich dabei um die Längsachse.

## Bewegungserklärung:

Sie stehen quer zur Fallinie. Heben Sie den Talski wie zur Spitzkehre vorne hoch, so daß er senkrecht im Schnee steht. Kippen Sie ihn talwärts um und setzen Sie ihn eng neben dem belasteten Bergski in umgekehrter Richtung auf. Kurz bevor der talseitige Ski wieder auf dem Schnee aufliegt, springen Sie vom Bergski ab. Mit dem Absprung beginnen Sie den Bergski über seine Spitze, die fast an derselben Stelle im Schnee bleibt, um 360 Grad zu drehen. Mit dem talseitigen Aufsetzen dieses Skis springen Sie wieder vom belasteten Ski ab. Dieser wird wieder über sein Skiende gedreht. Damit haben Sie eine ganze Drehung um ihre Körperlängsachse ausgeführt. Der Haxenbrecher wird meist mehrmals hintereinander gedreht. Wichtig ist außerdem, daß seine Bewegungen fließend ineinander übergehen und mit genügend Schwung ausgeführt werden.

## Lehrweg:

- Wärmen Sie sich vor dem Haxenbrecher auf.
- Üben Sie zunächst nur eine Drehung. Wenn Sie sehr beweglich sind, können Sie diese Übung auch langsam ausführen.
- Beginnen Sie den nächsten Haxenbrecher mit etwas mehr Tempo in mittelsteilem Gelände. Sie werden sehen, daß es dann leichtfällt, zwei oder drei Drehungen hintereinander zu springen.
- Probieren Sie die Übungen auch nach der anderen Seite.

## Hinweise:

- Wenn Sie bei der Ausführung des Haxenbrechers mehr und mehr in Rücklage geraten und rückwärts umfallen, so haben Sie Ihren Körper zu weit nach hinten gelegt. Versuchen Sie, möglichst aufrecht zu sein, wobei Ferse und Ballen des jeweiligen Standbeines gleich belastet werden.
- Wenn Sie mehrere Haxenbrecher hintereinander ausführen und dabei immer langsamer werden, hat das wahrscheinlich folgenden Grund: Der unbelastete Ski wird in zu großem Abstand talwärts aufgesetzt.

Auch das ist Trickski-Paarlauf: Wolfgang Wagner (links) mit seiner geliebten Backscratcher-Grätsche und Walter Holzwarth (rechts) mit einem Daffy.

# Pfauenrad (Tip Roll)

Pfauenrad, tip roll, Jagersprung, 360-Grad-Umsprung, Spitzensprung, Stockumsprung: dies alles sind Namen, unter denen diese Figur dem einen oder anderen sicher schon bekannt ist. Mit kurzem Ski ist das Pfauenrad leicht erlernbar, doch bildet ein normallanger Ski keine wesentliche Erschwernis.

## Bewegungsbeschreibung:

Das Pfauenrad ist eine Mischung aus Sprung und Drehung über die Skispitzen. Die Stöcke dienen dabei als Stütze und Drehhilfe.

## Bewegungserklärung:

Fassen Sie die Skistöcke von oben, so daß die Handballen auf dem Stockknauf aufliegen. Fahren Sie in der Schrägfahrt an und halten Sie die Stöcke nach vorne. Sie stoppen die Schrägfahrt durch einen kurzen Schwung bergwärts mit einem starken Aufkanten. Gleichzeitig mit dem Aufkanten setzen Sie Ihre Stöcke talwärts neben den Skiern ein. Springen Sie mit beiden Beinen kräftig ab. Legen Sie Ihr Gewicht ganz auf die Skistöcke und fersen Sie stark an. Mit dem Schwung des kräftigen Absprunges drehen Sie die Skier senkrecht über die Skispitzen um die Stöcke herum. Ziehen Sie die Knie stark an, wodurch die Skispitzen aus dem Schnee kommen. In der Luft drehen die Knie der Drehrichtung voraus (ähnlich dem Vorausdrehen des Oberkörpers beim Walzer). Gegen Ende der Drehung strecken Sie die Beine nach unten und landen in der ursprünglichen Fahrtrichtung.

94

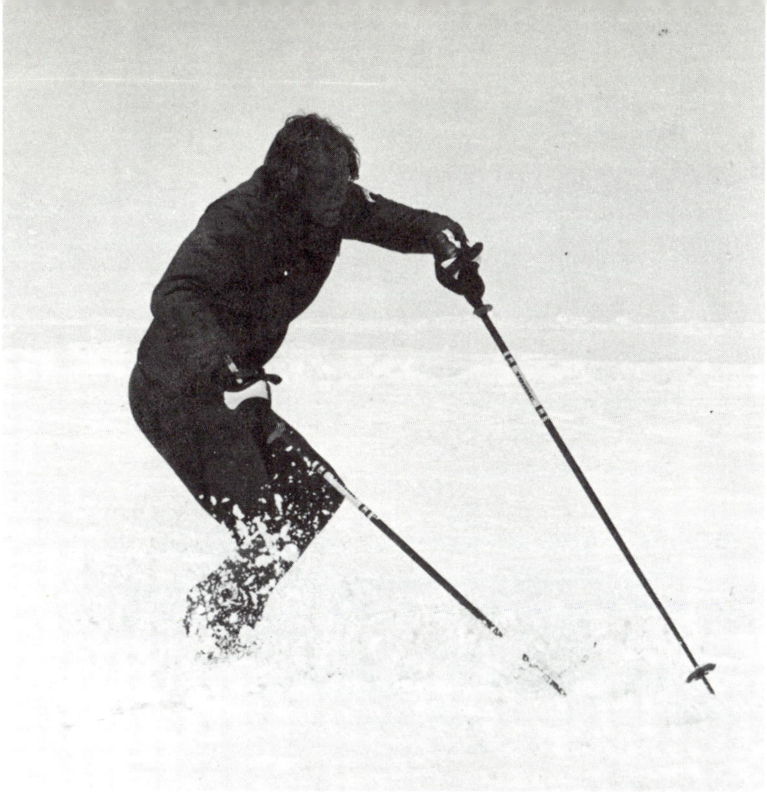
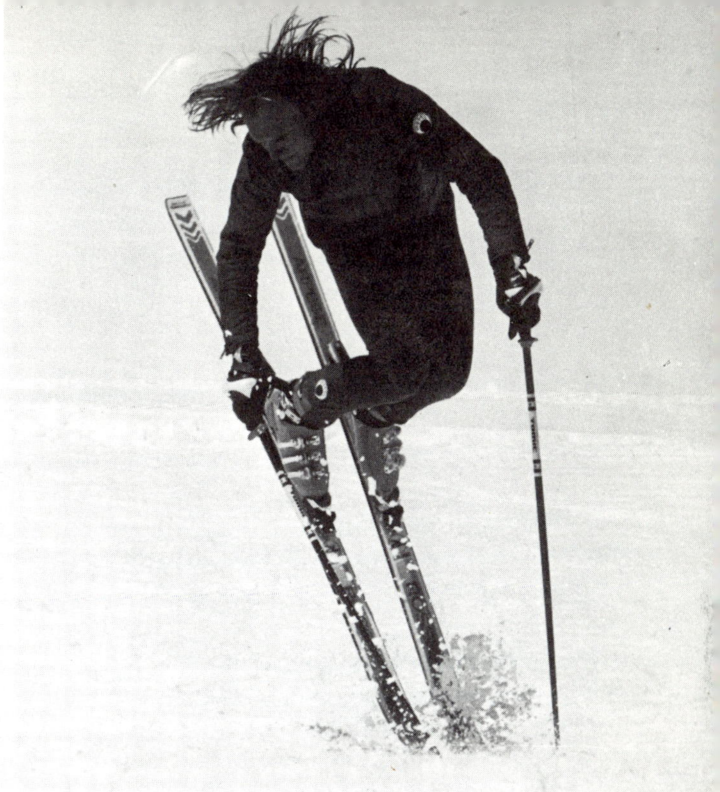
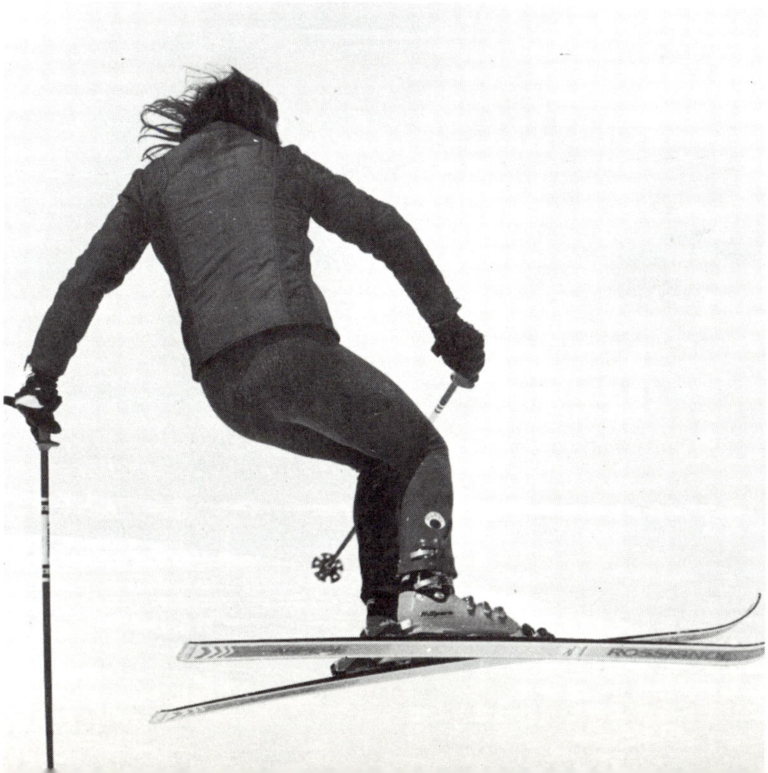
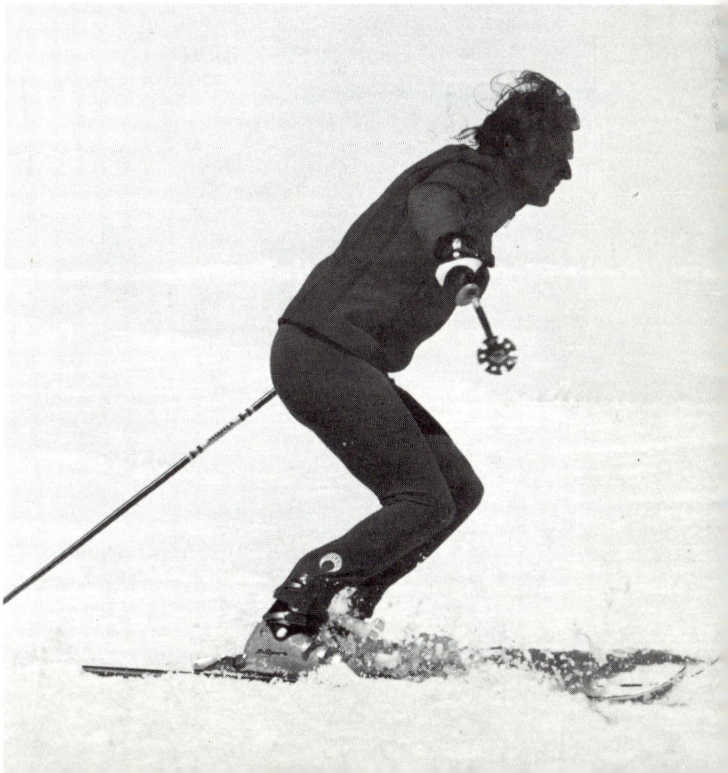

## Lehrweg:

- Üben Sie zuerst den kurzen Schwung bergwärts, den Sie durch ein starkes Aufkanten stoppen. Um nicht über die Außenkante zu fallen, stemmen Sie sich unmittelbar nach dem Aufkanten gegen die talseitig eingesetzten Stöcke.
- Gehen Sie in flaches bis mittelsteiles Gelände. Auf fester Piste mit griffigem Schnee versuchen sie die ersten Pfauenräder. Haben Sie es nach der einen Seite geschafft, versuchen Sie es sofort auch nach der anderen.

## Hinweise:

- Entscheidend für das Gelingen des Pfauenrades ist, daß Sie durch das starke Aufkanten die Fahrt schlagartig abstoppen.
- Schaffen Sie trotz starken Aufkantens und kräftigem Abstoß nur einen Teil der Drehung, kann die Ursache darin liegen, daß die Stöcke zu weit neben den Skiern eingesetzt wurden. Um das ganze Gewicht nach dem Absprung über die Stöcke zu bringen, setzen Sie sie etwa einen halben Meter neben den Skiern ein.
- Das Pfauenrad gelingt Ihnen nur dann, wenn Sie unmittelbar nach dem Absprung die Skienden so hochführen, daß Sie nach einer Vierteldrehung senkrecht über den Spitzen sind. Haben Sie hierbei Schwierigkeiten, so beachten Sie folgendes: Mit dem Absprung müssen Sie Ihren Oberkörper so weit nach vorne legen, daß Ihr ganzes Gewicht auf den Stöcken liegt. Außerdem müssen Sie die Beine stark anfersen, damit die Skier schnell in die Senkrechte gebracht werden können.

# 4. PAARLAUF

Sie sehen diese Bilder und denken an Eiskunstlauf; dennoch befinden Sie sich sehr wohl auf der Skipiste. Ähnlich wie auf dem Eis soll die Beherrschung der Sportart, verbunden mit Ausstrahlungskraft, Anmut, Eleganz und Harmonie, zum Ausdruck kommen. Es ist Ballett und Kunst auf der Skipiste.

Die Grundfiguren stammen aus dem Trickskiballett und haben ihren Ursprung häufig im Eiskunstlauf. Der Paarlauf (bis jetzt keine Wettkampfdisziplin im Kunstskilauf) ist noch nicht sehr verbreitet. Er wurde bisher vornehmlich als Einlage bei Wettkämpfen und in Filmen gezeigt.

Auch ist das Echo unter den weiblichen Trickskiläufern noch zu gering, als daß er sich als eigenständige Disziplin hätte etablieren können. Sind erst einmal mehr Damen — an Herren mangelt es nicht — für die neue Art, Ski zu laufen, gewonnen, so wird auch der Paarlauf in wenigen Jahren seinen Platz im Wettkampfprogramm des Trickskilaufs erhalten.

Die hier gezeigten Paarlauffiguren sollen Ihnen einen Einblick und einen Anreiz für diesen noch nie beschriebenen Sport geben. Neben der Vielzahl bereits bestehender Kombinationen gibt es eine Menge noch unberührter Ideen, die im Paarlauf verwirklicht werden können. Hier können Sie Ihre Fantasie endlos spielen lassen.

Da die Einzelfiguren (wie z. B. Reuel- oder Fuzzy-Schwung) bereits bekannt sind, wird im Folgenden keine Beschreibung des ganzen Ablaufes gegeben.

# Walzer

Die Walzerdrehung zu zweit kommt dem Tanz auf dem Parkett oder dem Eis am nächsten. Es gibt verschiedene Möglichkeiten der Ausführung:

● Walzerdrehung, wobei sich die Partner in Gegenüberstellung an beiden Händen fassen.

● Die gleiche Übung wird erleichtert, wenn Sie den Abstand zwischen sich und dem Partner vergrößern. Nehmen Sie dazu ein Paar Stöcke. Ein Partner faßt sie an den Griffen und einer an den Tellern.

● Bei der hier gezeigten Form haken sich die Partner mit dem gleichen Arm ein.

Hot Dog, wie es sein soll: Wolfgang Wagner und seine Art, Buckel zu nehmen.

# Fuzzy-Schwung

Zu zweit macht der Fuzzy-Schwung noch mehr Spaß. Eine der schönsten Formen dieses Schwunges zeigen die vorliegenden Fotos. Beide Partner fassen sich bei den Händen und fahren Fuzzy-Schwünge eng hintereinander.

# Reuel-Schwung

Dieser Schwung wurde direkt vom Eiskunstlauf über-
nommen. Versuchen Sie die Reuel-Schwünge möglichst synchron zu fahren, Sie strahlen dadurch mehr
Harmonie und Eleganz aus! Die hier gezeigte Form
soll nur eine Anregung sein, wie Sie zu zweit den
Schwung fahren können.

# Fuzzy-Reuel-Kombination

Daß verschiedenartige Schwünge auch miteinander kombiniert werden können, zeigen Ihnen die folgenden Bilder. Bei der Fuzzy-Reuel-Kombination wechseln sich beide Partner von Schwung zu Schwung derart ab, daß einmal er den Reuel — und sie den Fuzzy-Schwung fährt, das andere Mal umgekehrt.

# B Buckelpistenfahren
# Hot Dog (Mogul Skiing)

Bei Wettkämpfen in Europa legen die Wettkampfjurys besonderen Wert auf sicheres und kontrolliertes Fahren. Obwohl auch die Geschwindigkeit ein Bewertungskriterium darstellt, steht diese erst an zweiter Stelle. Der Wettkämpfer soll in schwierigstem Gelände technisch sauberen, ja sogar perfekten Skilauf zeigen.

Zusätzlich wird das Buckelpistenfahren mit Elementen der dritten Disziplin, des Springens, kombiniert. Ein Hügel als natürliche Schanze, und schon entsteht eine Grätsche, ein back scratch, Daffy, kick out oder gar Helikopter. Sind die Sprünge kontrolliert ausgeführt und geländeangepaßt eingebaut, erhöhen sie die Wertung. Saltos sind seit geraumer Zeit im Wettkampf verboten, da sie eine zu große Verletzungsgefahr in sich bergen.

Der Wettkämpfer soll seine Fahrweise ganz der Piste anpassen, rhythmisch und situationsgerecht fahren sowie Sicherheit ausstrahlen. Er soll sich stets in der Fallinie bewegen und Schrägfahrten meiden. Der Hang für das Buckelpistenfahren ist sehr steil (ideales Gefälle: 28 bis 38 Grad; Höhenunterschied: ca. 130 bis 200 m) und hat von Start bis Ziel extrem hohe Buckel.

Das hier beschriebene Buckelpistenfahren soll nun keineswegs ein Privileg der Trickskiwettkämpfer sein, sondern jeder, den Trickskifahren interessiert, soll sich angesprochen fühlen. Jedem macht es Spaß, dort seine eigene Linie zu finden; das Ganze noch mit ein paar Sprüngen kombiniert, und man ist schon ein richtiger »Hot Dogger«. Jeder, der damit beginnt, muß gewisse Grundregeln beachten. Da Ihnen im Gegensatz zu den Wettkämpfern keine abgesperrte Buckelpiste zur Verfügung steht, suchen Sie sich einen Hang, wo möglichst wenig Leute fahren, um keinen anderen zu gefährden. Man muß zu jeder Zeit und an jedem Punkt das Gelände ganz einsehen können. Springen Sie nie von einer Kante oder einem Buckel, wenn Sie die Aufsprungstelle nicht sehen. Die Sicherheit der anderen ist höchstes Gebot.

Das Buckelpistenfahren hat von allen drei Disziplinen die größte Ähnlichkeit mit dem traditionellen Skilauf. Jeden guten Skifahrer zieht es in einen steilen Hang mit großen und kleinen Buckeln — für ihn die Krönung eines Skitages.

Im Amerikanischen hat der Begriff hot dog-skiing eine andere Bedeutung als bei uns in Europa. Er wird dort als Überbegriff für die drei Disziplinen des Kunstskilaufs gebraucht. Bei uns versteht man unter hot dog das reine Buckelpistenfahren, in Amerika mogul-skiing genannt.

# C Springen

In jedem Trickskiwettkampf sind die Sprünge das spektakulärste Ereignis. Sie weisen, angefangen mit der Grätsche bis hin zum Schraubensalto, alle Schwierigkeitsgrade auf. Da sich die meisten der gezeigten Sprünge in Flugkurve und Bewegungsablauf stark unterscheiden, sind verschiedene Schanzenformen notwendig. Jeder Springer muß in einem Wettkampf an drei verschiedenartigen, hintereinanderliegenden Schanzen Sprünge zeigen. Art und Reihenfolge der Sprünge wird vor dem Wettkampf dem Sprunggericht in einem sogenannten ›Flugplan‹ gemeldet.

Sie selbst haben die Möglichkeit, die leichteren Sprünge, wie z. B. eine Grätsche oder einen Daffy, noch ohne weiteres bei einer Abfahrt auf normaler Buckelpiste zu springen. Während Sie diese Sprünge relativ schnell erlernen können, erfordern Sprünge mit höherem Schwierigkeitsgrad spezielle Auswahl und Vorbereitung des Geländes sowie ein gezieltes Training des Springers. Wir halten es für unbedingt erforderlich, die beiden letztgenannten Punkte genauestens zu beachten, andernfalls beinhaltet Springen ein zu großes Risiko. Hierzu Fuzzy Garhammer: »Das Springen birgt viele Gefahren. Und wenn zum Beispiel die Schanzen bei Wettbewerben nicht von Fachleuten, also von uns, gebaut werden, können gefährliche Verletzungen die Folge sein. Aus diesem Grund ist auch ein strenges Reglement unbedingt erforderlich. Springen darf nur, wer bewiesen hat, daß er es auch kann. Außerdem sind nur einfache Saltos im Wettbewerb erlaubt.«

Bitte schrecken Sie jetzt nicht vor dem Springen zurück! Es wird jeden, der die folgenden Ratschläge beachtet, faszinieren. Springen wird Ihnen so viel Spaß bereiten, daß Sie sich von Mal zu Mal mehr auf das Schanzenbauen freuen.

## Vorbereitendes Training:

Kaum einem Skiläufer steht eine künstliche Schanze zur Verfügung, die eine Landung ins Wasser erlaubt. Dies ist nämlich eine neue Trainingsmethode einiger Spitzenspringer. Sie finden jedoch in beinahe jedem Schwimmbad ein Sprungbecken oder in jeder Sporthalle Weichbodenmatten und Minitrampoline, mit deren Hilfe Sie sich sehr gut auf die Sprünge im Schnee vorbereiten können. Bauen Sie sich erst dann eine Schanze, wenn Sie eine Sprungform sicher mit Hilfe eines Minitrampolins oder vom Sprungbrett beherrschen.

## Anlage einer Schanze:

Zum Bedauern vieler Springer gibt es noch keine Norm für den Bau der drei Sprungschanzen eines Wettbewerbes. Wir danken Fuzzy Garhammer für die Empfehlungen, die er uns für die Anlage der Schanzen gab.

Beim Kunstspringen unterscheidet man drei Schanzenformen:

a) Schanzen für Aufrechtsprünge,

b) Schanzen für Vorwärtssaltos,

c) Schanzen für Rückwärtssaltos.

Bei allen drei folgenden Arten der Schanze unterteilen wir in Anlauf, Schanzenform und Aufsprung. Die Anlaufspur muß eine gleichmäßige Neigung haben und darf keine Unebenheiten aufweisen. Ein flacher Anlauf ist einem steilen stets vorzuziehen. In den folgenden Graphiken bezeichnet Punkt A die Absprungstelle, Punkt B den Übergang vom Anlauf zur Schanze und Punkt C ihren Fußpunkt. Der ideale Aufsprung unterscheidet sich bei allen drei Formen.

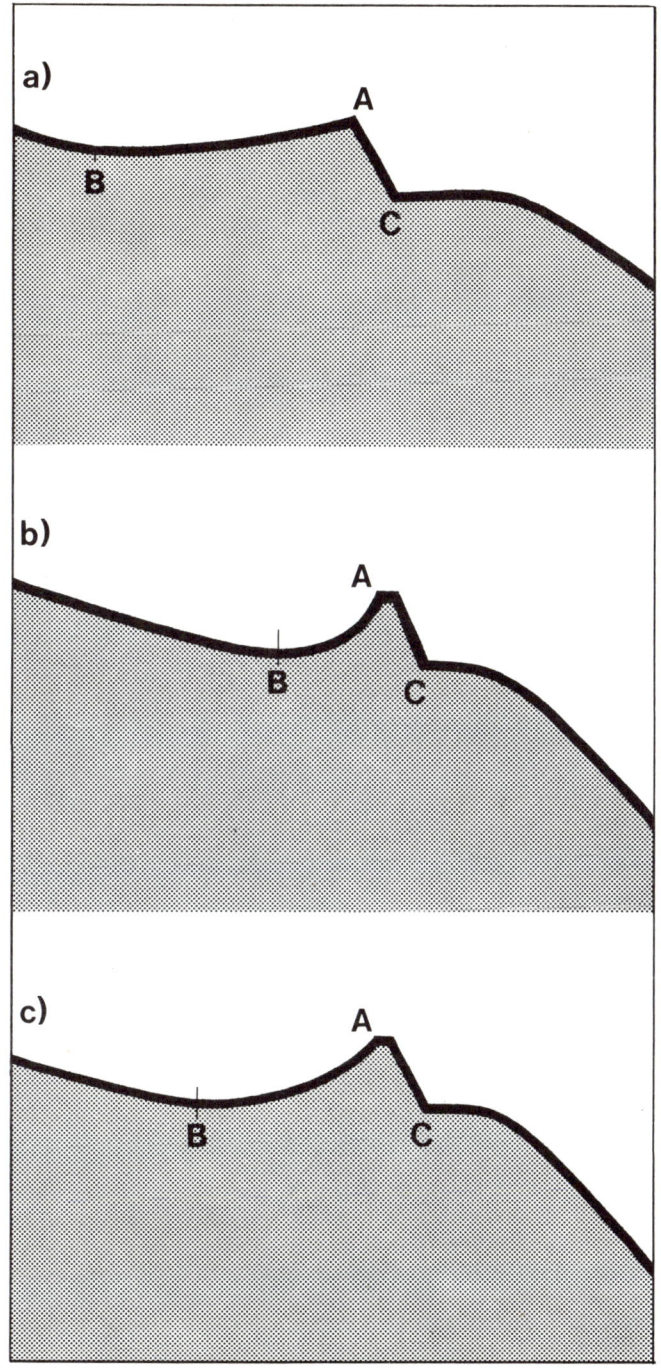

a) Schanze für Aufrechtsprünge

Die Schanze für Aufrechtsprünge steigt von Punkt B nur leicht und gleichmäßig bis hin zur Absprungstelle A an.

Der Springer wird weit hinausgetragen, es entsteht eine flache Flugbahn. Da der Aufsprung aus relativ geringer Höhe geschieht, kann das Aufsprunggelände flacher als bei den übrigen Schanzenformen sein; es genügt ein mittelsteiler Hang.

b) Schanze für Vorwärtssaltos

Eine Saltobewegung kann nur dann richtig ausgeführt werden, wenn man nach dem Absprung eine ausreichende Höhe für die Drehung erlangt. Um diese zu erreichen, muß der Anstieg von Punkt B in Richtung A sehr stark zunehmen. Dieser Anstieg verläuft nicht gleichmäßig, sondern wird gegen Ende hin steiler.

Es entsteht eine hohe, aber kurze Flugkurve. Der Aufsprung erfolgt somit aus relativ großer Höhe. Um den dabei auftretenden starken Druck ausgleichen zu können, muß die Landung unbedingt in steilem Gelände geschehen.

c) Schanze für Rückwärtssaltos

Beim Rückwärtssalto müssen Kriterien aus a) und b) berücksichtigt werden. Man muß einerseits an Höhe gewinnen, andererseits darf die Flugbahn nicht zu kurz sein.

Der Anlauf muß hier unbedingt mit gleichmäßiger Krümmung in die Schanze übergehen. Die Schanze selbst steigt von B nach A in einer stetigen Kurve an. Im Idealfall liegen Punkt B und C auf gleicher Höhe.

## Wichtig für alle drei Schanzenformen:

- Der Übergang vom Anlauf zur Schanze muß gleichmäßig, d. h. ohne Knick angelegt sein.
- Bis Sie die Sprünge sicher beherrschen, muß der Aufsprunghang so präpariert sein, daß die Landung in weichem tiefem Schnee möglich ist.

# 1. AUFRECHTSPRÜNGE

## Grätsche (Spread Eagle)

Die Grätsche ist einer der einfachsten Sprünge. Schon ein kleiner Buckel genügt zum Absprung. Durch die ruhige Flugphase ist die Grätsche am besten geeignet, Ihnen schnell das Gefühl für Absprung, Flug und Landung zu vermitteln; die Skilänge spielt dabei keine Rolle.

### Bewegungsbeschreibung:

Bei diesem Sprung sind die Beine gegrätscht und die Arme zur Seite gestreckt.

### Bewegungserklärung:

Fahren Sie in aufrechter Haltung auf die Schanze zu. Mit dem Absprung grätschen Sie die Beine und strecken die Arme zur Seite. Bis kurz vor der Landung bleiben Sie in dieser gestreckten Haltung. Zum Aufsprung werden die Beine geschlossen.

## Lehrweg:

- Wenn Sie die Grätsche mit Hilfe des Minitrampolins in der Halle oder mit Hilfe des Sprungbretts im Schwimmbad beherrschen, üben Sie sie im Schnee auf einer Schanze für aufrechte Sprünge. Wählen Sie für die ersten Versuche einen kurzen Anlauf.
- Verlängern Sie erst dann den Anlauf, wenn Sie selbst das Gefühl hatten, ruhig geflogen zu sein und bei der Landung den Körperschwerpunkt genau über der Mitte der Skier gehabt zu haben. Der Aufsprung darf weder in Vorlage noch in Rücklage erfolgen. Achten Sie bei den folgenden Sprüngen darauf, daß während des Fluges die Grätsche mit gestreckten Beinen möglichst lange beibehalten wird.

## Hinweise:

- Während des Fluges kommt der Kopfhaltung eine große Bedeutung zu. Schauen Sie nicht nach unten, da Sie sonst in der Hüfte abknicken. Bemühen Sie sich, während des Springens immer nach vorne zu schauen.
- Landen Sie öfter mit Vorlage, so haben Sie sich entweder mit dem Oberkörper nach vorne gelehnt oder nach unten geschaut.
- Spreizen Sie unmittelbar nach dem Absprung schnell die Beine zur Seite. Sie können dadurch die Grätsche während des Fluges länger beibehalten.

# Rückenkratzer
# (Back Scratch)

Nahezu jeder Kunstskiläufer beherrscht den Rücken-
kratzer, da er sich gut für Sprungkombinationen eignet.
Er bekam seinen Namen, weil bei der Ausführung die
Skienden oft den Rücken berühren. Mit einem langen
Ski sieht der Rückenkratzer eleganter aus, ein kurzer
Ski erleichtert jedoch seine Ausführung.

*Bewegungsbeschreibung:*

Beim Rückenkratzer bleiben Beine und Skier während
des ganzen Fluges geschlossen. Die Skispitzen zeigen zum Boden und die Skienden berühren fast den
Rücken.

*Bewegungserklärung:*

Fahren Sie aufrecht mit eng geschlossenen Skiern
an. Sofort nach dem Absprung legen Sie Ihren Oberkörper etwas zurück und winkeln die Unterschenkel
nach hinten ab. Die seitlich nach hinten gestreckten
Arme unterstützen das Gleichgewicht. In dieser Haltung bleiben Sie bis kurz vor der Landung. Zur Landung bringen Sie Beine und Oberkörper nach vorne.

## Lehrweg:

- Die Vorbereitung erfolgt wieder mit Hilfe von Minitrampolin bzw. Sprungbrett. Versuchen Sie weite Sprünge. Bemühen Sie sich, dabei möglichst lange in Rückenkratzerhaltung zu fliegen.
- Um das schnelle Einnehmen der back scratch-Haltung zu üben, haben Sie folgende einfache Möglichkeit: Wenn Sie eine Treppe hinuntergehen, springen Sie von der vorletzten Stufe ab und üben das schnelle Einnehmen der Haltung.
- Gehen Sie an eine Schanze für aufrechte Sprünge. Fahren Sie mit halbem Anlauf, versuchen Sie die Haltung schnell einzunehmen und wieder aufzulösen.
- Steigern Sie den Anlauf und bleiben Sie länger in der Rückenkratzerhaltung.

## Hinweise:

- Nehmen Sie nie während der Rückenkratzerhaltung den Kopf nach vorne, um nachzuschauen, wie weit Ihre Skispitzen nach unten zeigen.
- Wenn Sie während des Fluges mit den Armen rudern müssen, um nicht vornüber zu fallen, liegt es daran, daß Sie den Oberkörper nicht gleichzeitig mit den Beinen zurückgenommen haben.
- Bei idealer Haltung bilden Oberkörper und Oberschenkel einen leichten Bogen nach hinten.

# Gegrätschter Rückenkratzer (Spread Eagle Back Scratch)

Dieser Sprung ist wohl einer der elegantesten aufrechten Sprünge. Dabei ist seine Ausführung nicht sehr schwer, und er kann auch ohne weiteres beim Buckelpistenfahren gesprungen werden. Er stellt eine Kombination aus Grätsche und Rückenkratzer dar. Ein kurzer Ski erleichtert seine Ausführung.

## Bewegungsbeschreibung:

Der gegrätschte Rückenkratzer ist ein Sprung, bei dem die Skienden fast den Rücken berühren und die Skispitzen weit zur Seite zeigen.

## Bewegungserklärung:

Sie fahren wieder aufrecht mit zur Seite gestreckten Armen auf die Schanze zu. Direkt nach dem Absprung legen Sie den Oberkörper etwas nach hinten, grätschen die Beine und winkeln dabei die Unterschenkel ab. Ihre Skienden sind jetzt direkt hinter dem Rücken und die Skispitzen weit seitlich vom Körper. Die zur Seite gestreckten Arme helfen Ihnen, das Gleichgewicht zu halten. In dieser Haltung fliegen Sie jetzt möglichst lange. Kurz vor der Landung klappen Sie Ihren Oberkörper und Ihre Beine schnell nach vorne, so daß Sie wieder in aufrechter Haltung weich landen können.

120

## Lehrweg:

● Wie bei allen Sprüngen gilt auch hier: Üben Sie die Bewegungen zuerst ohne Ski auf dem Minitrampolin oder vom Sprungbrett ins Wasser.
● Wiederholen Sie im Schnee zur Eingewöhnung Grätschen und Rückenkratzer an einer Schanze für aufrechte Sprünge.
● Springen Sie Rückenkratzer, wobei Sie mehr und mehr die Beine grätschen.
● Verlängern Sie den Anlauf. Versuchen Sie, das Abwinkeln und Grätschen gleichzeitig und möglichst schnell nach dem Absprung auszuführen.

## Hinweis:

● Dieser Sprung gelingt nur dann, wenn Sie ebenso wie beim Rückenkratzer gleich nach dem Absprung den Oberkörper zurücklegen.

# Kick Out

Wenn Sie den back scratch schon gesprungen haben, ist der Weg zum kick out nicht mehr weit. Mit einem kurzen Ski wird Ihnen dieser Sprung sowohl auf der Schanze als auch in der Buckelpiste viel Freude bereiten.

## *Bewegungsbeschreibung:*

Beim kick out sind die Beine seitlich angehockt, der Oberkörper ist zur gleichen Seite gebeugt. Die parallel geschlossenen Skier zeigen mit den Skispitzen steil nach unten.

## *Bewegungserklärung:*

Fahren Sie aufrecht an. Der Absprung erfolgt wie beim Rückenkratzer. Fersen Sie aber jetzt die Beine seitlich an. Als Ausgleichsbewegung dazu wird der Oberkörper zur selben Seite gebeugt. Schauen Sie gleichzeitig auf die ausgewinkelten Skier. Die Skispitzen zeigen zum Boden. Zur Landung ist der Körper wieder gestreckt.

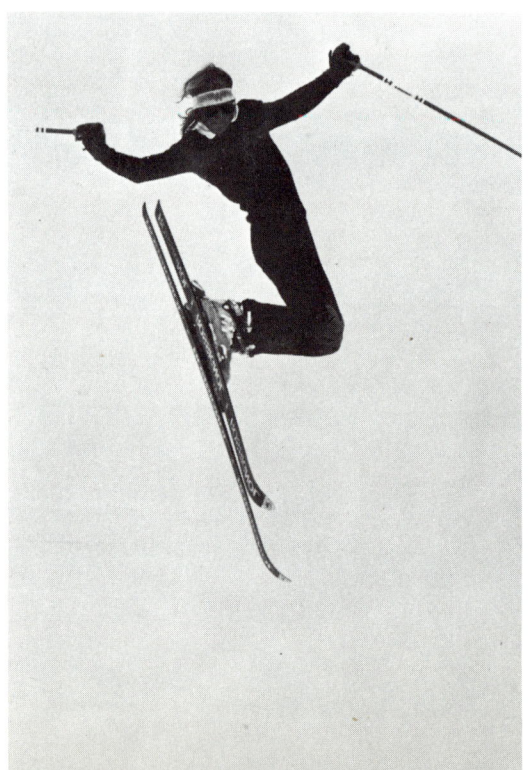

## Lehrweg:

- Üben Sie zunächst das seitliche Anfersen und die Ausgleichsbewegung des Oberkörpers mit Hilfe von Minitrampolin oder Wassersprungbrett. Springen Sie so oft, bis Sie das Gleichgewicht sicher halten können.
- Den kick out können Sie auch gut von der vorletzten Stufe einer Treppe üben.
- Zur Eingewöhnung springen Sie Rückenkratzer auf einer Schanze für Aufrechtsprünge.
- Versuchen Sie, nach dem Absprung immer mehr die Beine und den Oberkörper zur Seite zu drehen.
- Wenn Sie den kick out auf der Schanze beherrschen, probieren Sie ihn auch in der Buckelpiste.

## Hinweise:

- Wärmen Sie sich vor den Sprüngen durch Rumpfseitbeugen auf.
- Wie der Rückenkratzer mißlingt auch der Kick out, wenn Sie Ihren Oberkörper nicht etwas zurücknehmen.
- Achten Sie darauf, daß das Auswinkeln der Skier und das Seitbeugen des Oberkörpers gleichzeitig erfolgen.

# Daffy

Erschrecken Sie nicht, wenn Sie auf der Piste plötzlich glauben, einem Skifahrer mit Siebenmeilenstiefeln zu begegnen. Es handelt sich sicher um keinen gestiefelten Kater auf Skiern, sondern um einen Trickskifahrer, der gerade Daffys trainiert. Mit kurzem Ski wird es Ihnen leichtfallen, ihm nachzueifern.

*Bewegungsbeschreibung:*

Beim Daffy wird ein Bein nach vorne und eines nach hinten gespreizt, wobei die Skier senkrecht stehen. Er sieht aus wie ein Spagat in der Luft.

*Bewegungserklärung:*

Fahren Sie aufrecht auf die Schanze zu. Nach dem Absprung spreizen Sie möglichst gestreckt ein Bein nach vorne und eines nach hinten. Beide Skier müssen senkrecht stehen, wobei der vordere mit dem Ende und der hintere mit der Spitze nach unten zeigen. Während des ganzen Fluges bleiben der Oberkörper aufgerichtet und die Arme zur Seite gestreckt. Kurz vor der Landung schließen Sie die Beine wieder.

## Lehrweg:

- Benützen Sie auch hier wieder Minitrampolin und Sprungbrett, um die erste Bewegungserfahrung zu sammeln.
- Üben Sie auf einer Schanze für aufrechte Sprünge mit kurzem Anlauf zunächst nur eine leichte Schrittbewegung in der Luft.
- Verlängern Sie den Anlauf. Versuchen Sie die Beine während des Fluges weiter zu spreizen.
- Wenn Ihnen das gelingt, versuchen Sie den Daffy auch in einer Buckelpiste zu springen.

## Hinweis:

- Nur wenige Wettkämpfer sind in der Lage, einen Spagat in der Luft auszuführen. Um trotzdem zu erreichen, daß beide Skier senkrecht stehen, winkeln Sie das zurückgespreizte Bein im Kniegelenk ab.

Ein einmaliger Sprung! So einen perfekten Daffy springt wohl kaum ein anderer: Der Amerikaner Bob Singley beim Wettkampf im Hoch-Ybrig.

# 2. SPRÜNGE MIT DREHUNG

## a) *Sprünge um die Körperlängsachse*

## Helikopter

Der Helikopter ist der einzige Aufrechtsprung mit Drehung. Er fehlt in keinem Wettkampf und wird von einigen Kunstskiläufern schon zweifach gezeigt. Je kürzer der Ski, um so leichter die Ausführung.

### *Bewegungsbeschreibung:*

Der Helikopter ist ein Sprung, bei dem während des Fluges eine ganze Drehung um die Körperlängsachse ausgeführt wird.

### *Bewegungserklärung:*

Fahren Sie aufrecht auf die Schanze zu. Wenige Meter vor dem Absprung strecken Sie den Arm, nach dessen Seite Sie sich drehen wollen, nach vorne, und den anderen Arm nach hinten, um Schwung für die folgende Drehung zu haben. Mit dem Absprung wird der nach vorne gestreckte Arm schnell an der Körperseite angelegt und der nach hinten gestreckte an der Körperseite vorbei vor der Brust zur Gegenschulter hochgezogen. Gleichzeitig schauen Sie über die Schulter in Drehrichtung. Bei der ersten Hälfte der Drehung geht der Oberkörper den Beinen voraus. In der zweiten Hälfte holen die Beine den Oberkörper ein und drehen gegen Ende sogar voraus. Die ganze Drehung erfolgt mit gestrecktem Körper und eng anliegenden Armen. Kurz vor Ende des Sprunges strecken Sie wieder die Arme zur Seite, um sicher landen zu können.

## Lehrweg:

- Hier ist es besonders wichtig, die Bewegung im ›Trockentraining‹ zu üben. Dazu brauchen Sie gar nicht unbedingt ein Minitrampolin. Versuchen Sie einfach einmal eine Drehung aus dem Stand zu springen. Achten Sie dabei vor allem auf eine schwungvolle Armbewegung.
- Versuchen Sie (wieder im ›Trockentraining‹), eine Drehung aus einem leichten Anlauf zu springen. Es ist dabei besonders wichtig, während der ganzen Drehung mit dem Körper gerade zu bleiben.
- Springen Sie mit Anlauf Helikopter von dem Minitrampolin.
- Gehen Sie jetzt in den Schnee. Suchen Sie sich eine ebene Stelle. Hier versuchen Sie, aus dem Stand einen Helikopter zu springen. Dabei muß Ihnen nicht unbedingt eine vollständige Drehung gelingen. Sie werden feststellen, daß Sie nach mehreren Versuchen immer weiter drehen.
- Wählen Sie einen leicht geneigten Hang für die nächste Übung. Aus langsamer Anfahrt springen Sie von einem Buckel einen Helikopter.
- Steigern Sie das Anfahrtstempo und springen Sie den Helikopter auf einem Buckel, bis er Ihnen mehrere Male hintereinander gelungen ist.
- Springen Sie jetzt einen Helikopter von einer Schanze für aufrechte Sprünge. Nehmen Sie für die ersten Versuche einen kurzen Anlauf, den Sie allmählich verlängern.

## Hinweise:

- Ihr Helikopter steht und fällt mit dem richtigen Armeinsatz und dem Vorausdrehen des Kopfes in Schwungrichtung. Sie müssen immer bemüht sein, über die Schulter, nach deren Seite Sie drehen, zu schauen.
- Wenn Ihr Körper während der Drehung aus der Senkrechten kippt und Sie den Sprung nicht mehr kontrollieren können, hat das meist zwei Gründe: Entweder hatten Sie beim Absprung Vor- bzw. Rücklage, oder Sie waren während der Drehung nicht im ganzen Körper gestreckt.

Hot doggen verlangt totalen Einsatz, totale Konzentration. Franco Zanolari springt einen Helikopter in der Buckelpiste.

## b) Sprünge um die Körperquerachse

# Salto vorwärts (Front Flip)

Der Salto vorwärts gehört zu den schwierigen Sprüngen. Er kann sowohl gehockt als auch gestreckt gesprungen werden; gestreckt beherrschen ihn allerdings nur einige Spitzenkönner. Nach guter Vorbereitung können auch Sie einen gehockten Salto erlernen. Verwenden Sie dazu unbedingt einen kurzen Ski.

*Bewegungsbeschreibung:*

Dieser Sprung ist eine Drehung vorwärts um die Körperquerachse. Der Körper bleibt während des Saltos in einer engen Kauerstellung.

*Bewegungserklärung:*

Fahren Sie aufrecht auf die Schanze zu. Durch den starken Knick am Ende der Schanze wird der Körper im Moment des Absprungs in eine Vorlage gedrückt. Ziehen Sie die Arme mit dem Absprung nach vorne oben. Kurz danach reißen Sie sie wieder nach unten, rollen den Körper eng zusammen und umfassen die Unterschenkel. Gegen Ende der Drehung, wenn die Skienden zum Boden zeigen, beginnen Sie die Kauerstellung aufzulösen und landen mit gestrecktem Körper.

## Lehrweg:

Wenn Sie die Saltobewegung noch nie vorher gesprungen sind, sollten Sie diese unbedingt erst unter fachkundiger Anleitung in einem Turnverein erlernen. Erst dann beginnen Sie mit dem hier vorgeschlagenen Lehrweg.

- Es ist unerläßlich, daß Sie den Salto mit Minitrampolin oder Wassersprungbrett trainieren. Üben Sie so lange, bis Sie in jedem Moment der Drehung wissen, in welcher Lage sich Ihr Körper befindet.
- Suchen Sie sich eine Kante als Absprungstelle, hinter der das Gelände steil abfällt. Treten Sie sich den Absprung fest ein; die Aufsprungstelle muß in tiefem weichem Schnee liegen. Springen Sie hier ohne Stöcke die ersten Saltos auf Skiern. Auch wenn Ihnen die ersten Drehungen nicht ganz gelingen — keine Angst, im weichen Schnee landen Sie wie in einem Federbett.
- Gehen Sie an eine Schanze für Vorwärtssaltos. Präparieren Sie den Aufsprungbereich unbedingt so, daß Sie in weichem tiefem Schnee landen. Springen Sie die ersten Saltos mit halbem Anlauf.
- Verlängern Sie langsam den Anlauf.

## Hinweise:

- Wenn Sie auf dem Rücken landen, haben Sie bei der Drehung die enge Kauerstellung zu früh aufgegeben.
- Denken Sie daran, daß die Arme zur Dreheinleitung schnell zu den Unterschenkeln gezogen werden müssen.
- Der Kopf muß während der Kauerstellung auf die Brust gedrückt werden.

Gestreckter Salto vorwärts: Der Weltmeisterschaftssprung des Amerikaners Rock Löwenstein in Cervinia.

# Salto rückwärts (Back Flip)

Sicherlich haben Sie diesen Sprung schon beim Wasserspringen gesehen. Er ist dort unter dem Namen »Auerbachsalto« bekannt. Kunstskiläufer springen ihn schon sowohl gehockt als auch gestreckt. Eine gute Vorbereitung und ein kurzer Ski sind dazu unbedingt erforderlich.

## Bewegungsbeschreibung:

Der back flip ist eine ganze Drehung um die Körperquerachse. Die Beine sind dabei zur Brust angehockt.

## Bewegungserklärung:

Fahren Sie aufrecht auf die Schanze zu. Mit dem Absprung werfen Sie den Kopf in den Nacken und drücken gleichzeitig die Brust nach vorne. Reißen Sie die Knie zur Brust und umfassen Sie die Unterschenkel, um in möglichst enger Haltung zu drehen. Kurz vor Ende der Drehung strecken Sie die Beine und landen aufrecht.

## Lehrweg:

- Wie auch beim Salto vorwärts, sollten Sie unbedingt die ersten Bewegungserfahrungen in einem Turnverein sammeln.
- Springen Sie Auerbachsaltos vom Wassersprungbrett. Üben Sie so lange, bis Sie genau erfühlen, wann Sie bei der Drehung öffnen müssen, um gestreckt ins Wasser tauchen zu können.
- Bauen Sie eine Schanze für Rückwärtssaltos. Präparieren Sie die Aufsprungstelle mit weichem

lockerem Schnee. Springen Sie die ersten Rückwärtssaltos mit halbem Anlauf. Achten Sie auf eine schnelle Drehung.
- Wenn Sie die Saltos sicher springen, verlängern Sie den Anlauf.

## Hinweise:

- Lassen Sie die Augen während der Drehung offen.
- Werfen Sie gleichzeitig mit dem Absprung den Kopf in den Nacken und drücken Sie die Brust nach vorne.
- Ganz wichtig: Denken Sie daran, daß Sie die Beine aktiv zur Brust und nicht die Brust zu den Beinen bringen.

# Begriffserklärungen

**Anfersen:** Ein Hochziehen der Fersen zum Gesäß.

**Aufkanten:** Das Nach-innen-Drücken der Knie, wodurch der Ski nicht mehr mit der ganzen Lauffläche aufliegt, sondern nur noch mit einer Kante.

**Aufrechtsprünge:** Alle Sprünge, bei denen keine Drehung um die Körperquerachse erfolgt.

**Außenkante(n):** Die rechte Kante des rechten Skis und die linke Kante des linken Skis.

**Ballettsprünge:** Besondere Sprungelemente, die im Ballettprogramm eines Kunstskiläufers enthalten sind. Der Absprung erfolgt von flacher Piste. Sie entstehen meist aus Drehungen des Balletts.

**Belastungswechsel:** Verlagerung des Körpergewichts von einem auf den anderen Ski oder vom Ballen auf die Ferse und umgekehrt.

**Bergski:** Der bergseitige Ski während einer Schrägfahrtphase.

**Bogenäußerer und bogeninnerer Ski:** Beim Schwingen ist der dem Schwungzentrum nähere Ski der bogeninnere und der weiter entfernte der bogenäußere Ski.

**DAKSO:** Abkürzung für den Verband der dt. Trickski-Wettkämpfer (Deutsche Akrobatik- und Kunstskilauforganisation e.V.), gegründet 1974.

**EFSA:** Dachorganisation der Landestrickski-Verbände (European Freestyle Skiing Association).

**Entlastungshilfe:** Siehe Stockeinsatz

**Fallinie:** Die kürzeste Linie vom Berg zum Tal an einem geneigten Hang. Oder: Die Linie des fließenden Wassers.

**Freestyle:** Amerikanischer Ausdruck für Freistilskilauf, Trick- oder Kunstskilauf. Wird ebenso im dt. Sprachgebrauch angewandt.

**Freistil:** Die Übersetzung des amerikanischen Wortes Freestyle, bedeutet Trickskilauf.

**Gleitender Kantenwechsel:** Wechsel der Belastung von Innenkante auf Außenkante oder umgekehrt, ohne den Ski dabei abzuheben.

**Hot dog:** Amerikanischer symbolischer Überbegriff für die drei Disziplinen des Kunstskilaufs. Im europäischen Sprachgebrauch Bezeichnung für das Buckelpistenfahren; dies ist in der EFSA-Wettkampfordnung festgelegt.

**IAS:** Abkürzung für »Internationaler Arbeitskreis für Sicherheit im Skilauf«.

**Innenkante(n):** Die linke Kante des rechten Skis und die rechte Kante des linken Skis.

**Innenlage:** Verlagerung des Körperschwerpunktes zum Schwungzentrum hin.

**Kompaktski:** Ein kürzerer Ski (unter 195 cm) mit besserer Drehfreudigkeit (Wendigkeit) und besserem Kantengriff für erwachsene Skifahrer, die mehr mit dem Ski machen wollen, als der bisherige Langski erlaubt. Er hat ein geringeres Gewicht, trägt zur größeren Sicherheit bei und erlaubt optimale Bewegungsmöglichkeiten in Buckelpiste, Tiefschnee und im Trickskilauf.

**konvexes Gelände:** Auswärts gekrümmtes Gelände, das den Druck auf den Ski und damit den Reibungswiderstand verringert.

**Körperinnenlage:** Siehe Innenlage.

| | |
|---|---|
| Körperrotation: | Siehe Rotation. |
| Kunstskilauf: | In jüngster Zeit wird dieser Ausdruck häufig anstelle des älteren Begriffs Trickskilauf benutzt. Ganz beliebt ist er bei den Trickskiwettkämpfern selbst. In Anlehnung an den Eiskunstlauf wollen sie mit diesem Wort ihrer Sportart zu mehr Anerkennung verhelfen. Als weitere Synonyme werden Skiakrobatik oder Skiartistik gebraucht. |
| Kurzski: | Siehe Skilänge. |
| Langski: | Siehe Skilänge. |
| Mittellage: | Körperschwerpunkt befindet sich genau über der Bindung, Ferse und Ballen sind gleich belastet. |
| Mogul skiing: | Amerikanische Übersetzung und Bezeichnung für Buckelpistenfahren. |
| Normallanger Ski: | Siehe Skilänge. |
| Rotation: | Mit Rotation bezeichnen wir ein Vorausdrehen des Oberkörpers gegenüber den Beinen in Drehrichtung. |
| Rücklage: | Verlagerung des Körperschwerpunktes hinter die Bindung (Fersendruck). |
| Schlittschuhschritt: | Aus einer Scherstellung der Skier erfolgt ein Abstoß von der Innenkante des einen auf den anderen Ski und im Anschluß daran eine Gleitphase auf dem momentan belasteten Ski. Aus der Vorwärtsbewegung kommt der erneute Abstoß auf den anderen Ski. Der Schlittschuhschritt ist identisch mit der Bewegung beim Eisschnellauf und dient der Beschleunigung in der Ebene. |
| Schrägfahrt: | Queren eines Hanges ohne Richtungsänderung. |
| Seitrutschen: | Abrutschen in paralleler Skistellung, mehr oder weniger quer zur Fallinie. |
| Skiakrobatik: | Siehe Kunstskilauf. |
| Skiartistik: | Siehe Kunstskilauf. |
| Skilänge: | Im herkömmlichen Sprachgebrauch unterscheidet man zwischen einem sogenannten Kurzski und Langski (oder normallanger Ski); vergleiche hierzu auch Kompaktski, der eine besondere Art des Kurzskis darstellt. Kurzski: Skilänge unter Körpergröße; normallanger Ski: bis etwa 25 cm über Körpergröße. |
| Skistopper: | Eine neuere technische Einrichtung, die im Bindungsbereich befestigt wird und die Funktion eines Fangriemens besitzt. Der Skistopper hat den Vorteil, daß er den Fuß sofort freigibt, und vermindert somit die Verletzungsgefahr. |
| Spitzkehre: | Die Möglichkeit einer Drehung um 180 Grad im Stand. |
| Steuerphase: | Mittel- und Endphase eines Schwunges im Anschluß an die Schwungeinleitung, wobei der Ski auf der Kante gedreht und geführt wird. |
| Talski: | Der talseitige Ski während einer Schrägfahrtphase. |
| Trickski: | Kurzer Ski mit den Eigenschaften: leichte Drehbarkeit, geringes Gewicht. Für Wettkämpfer darf er nicht kürzer als 10 cm unter Körpergröße sein. |
| Vorlage: | Verlagerung des Körperschwerpunktes vor die Skimitte (Ballendruck). |
| Vorausdrehen: | Siehe Rotation. |

# Literaturverzeichnis

Deutscher Verband     Skilehrplan 1 und 3, 2. Aufl., BLV-
für Skilehrwesen      Limpert, München usw., 1971

Fetz, Friedrich       Allgemeine Methodik der Leibes-
                      übungen, 5. Aufl., Limpert Verlag,
                      Frankfurt / M., 1972

Fowler, Corky /       Hot Dogging, in: Skiwelt, Österreich /
Dixie Nohl            Ried / Innkreis, 1974, H. 35

Furrer, Art /         Skiakrobatik für jedermann, Benteli
Sepp Renggli          Verlag, Bern, 1970

Furrer, Art           Skiakrobatik, in: Skiwelt, Österreich /
                      Ried / Innkreis, 1972, H. 25

Mann, Bob             Hot dog skiing, W. W. Norton &
                      Company Inc., New York, 1973

Meinel, Kurt          Bewegungslehre, Verlag Volk und
                      Wissen, Berlin, 1972


*Fachzeitschriften:*

Inter Ski 1972—1975
Ski (Incorporating Ski Life), New York, 1972—1975
Ski Magazine, New York, 1972—1975
Ski Magazin, 1972—1975
Skiwelt, Österreich / Ried / Innkreis, 1972—1975